[英国]彼得·萨里斯 著　刘洪涛　陆赟 译

拜占庭

牛津通识读本·

Byzantium

A Very Short Introduction

译林出版社

图书在版编目（CIP）数据

拜占庭 /（英）彼得·萨里斯（Peter Sarris）著；刘洪涛，陆赟译．
—南京：译林出版社，2022.1（2023.8 重印）
（牛津通识读本）
书名原文：Byzantium: A Very Short Introduction
ISBN 978-7-5447-8868-7

Ⅰ.①拜… Ⅱ.①彼… ②刘… ③陆… Ⅲ.①拜占庭帝国—历史 Ⅳ.①K134

中国版本图书馆 CIP 数据核字（2021）第 204823 号

著作权合同登记号 图字：10-2018-429 号

拜占庭 ［英国］彼得·萨里斯／著 刘洪涛 陆 赟／译

责任编辑 陈 锐
装帧设计 景秋萍
校　　对 王 敏
责任印制 董 虎

原文出版 Oxford University Press, 2015
出版发行 译林出版社
地　　址 南京市湖南路 1 号 A 楼
邮　　箱 yilin@yilin.com
网　　址 www.yilin.com
市场热线 025-86633278
排　　版 南京展望文化发展有限公司
印　　刷 江苏扬中印刷有限公司
开　　本 890 毫米 ×1260 毫米 1/32
印　　张 9.125
插　　页 4
版　　次 2022 年 1 月第 1 版
印　　次 2023 年 8 月第 2 次印刷
书　　号 ISBN 978-7-5447-8868-7
定　　价 39.00 元

序　言

陈志强

“牛津通识读本”《拜占庭》这本书，我还是第一次听说。多年前，我和弟子武鹏副教授合作翻译过曼格主编的《牛津拜占庭史》（北京师范大学出版社2015年版），那是一本严肃的学术类教材。牛津大学这么快又出版新的拜占庭通史书了？这两本书有什么不同？带着满腹疑团，我寻找答案。

在海内外弟子的帮助下，我最终弄明白了，《拜占庭》是一本大学普及读物，属于七百多种“牛津通识读本”系列图书之一。根据出版社公布的现有读本名录，历史类读本近十分之一。这套书的选题与牛津大学的课程体系并不完全配套，也许是为了满足在校各院系同学广博的求知需求。以这两本拜占庭史书籍来看，《牛津拜占庭史》的主编是学富五车的国际拜占庭学的著名权威，而《拜占庭》的作者则是“70后”中青年专家萨里斯。这里并非以此评判两书的质量，只是想说明它们各自的突出点。例如，《拜占庭》的写作重点集中，关注战争及其对拜占庭政治和文化的影响，在较短的篇幅中展现出这个中世纪大帝国千余年历史发展的主线，读者可以用一周喝咖啡的时间读完它。又如，它语言通俗活泼，在一些历史转折点的重大事件和人物那里制造场景，令人兴趣盎然。这种书其实并不好写，只有在深入研究拜占庭史和全面把握拜占庭历史与文化系统知识后才能完成。因此，作者在前言中称，他是在全球顶尖的拜占庭研究机构之一哈佛大学橡树园图书馆完成此书的，可见他是下了一番功夫的。

拜占庭帝国从哪里来？这个帝国与罗马帝国是什么关系？上千年的拜占庭帝国有哪些重要特征？一度强盛的拜占庭帝国后来为什么衰亡了？拜占庭历史与文化的历史定位是什么？等等，这类问题在这本小书中都会有适度而生动的解答。

如果以宏观的视野看待古罗马帝国以后的欧洲地中海历史，读者就会发现，这个统一了地中海世界的罗马大帝国留给了后世两种政治模式：其一是东地中海世界（包括地中海和黑海）的中央集权制，其二是西地中海和西欧的地方集权制。前者的继承者是统一的拜占庭帝国，而后者的继承者是战乱不休的西欧。在欧亚大陆西端的这个空间狭窄的试验场上，两种"大人群"治理模式经过了中世纪千余年的实践，留给后人一段令人回味无穷的历史故事。

今天被普遍贬斥的拜占庭帝国中央集权皇帝专制，事实上是从晚期罗马帝国到拜占庭帝国发展史的必然结果。"公元3世纪大危机"将罗马帝国拖入混乱的深渊，经济危机、人口锐减、思想错乱，激发了政治混乱，皇位持续更迭，康茂德被杀后便爆发了数十年之久的皇位争夺战，235年至284年间，约26个皇帝轮番坐庄，各地起义骚乱此起彼伏，内乱伴随着日耳曼各部落成功入侵帝国，萨珊波斯军队也乘乱进攻，甚至于260年俘虏了罗马皇帝。在此艰难时世，恢复政治秩序和相对安定的社会生活是罗马人的普遍愿望，强化帝制的发展趋势由此突显，至少人们对“五贤帝”之安定和“公元3世纪大危机”之混乱的优劣形成了共识和选择的倾向性。戴克里先和君士坦丁时代的帝国逐渐摆脱战乱，以拜占庭皇帝专制为核心的中央集权制，有效地中止了晚期罗马帝国军阀割据的政治局面，结束了凭借武力征战夺取最高权力的残暴方式，以一种血亲世袭继承原则取代了军事强人普遍觊觎皇位的习俗。

此后，皇帝专制时紧时松，帝国中央集权时强时弱。一些铁腕君主特别是能征善战的皇帝将帝国带入强盛，不仅社会生活稳定富足，而且有效地抵御住了强大外族敌人的入侵和东方游牧民族持续不断的劫掠。与此同时，个别平庸之辈或昏庸帝王造成的短时混乱和宫廷内争，并没有对民众生活产生实质性影响。相对稳定的政治统一，促使拜占庭帝国的社会生活保持在总体上有序的范围内，因此经济发展环境相对良好，社会财富积累也相对迅速，甚至在特定时期进入短期良性循环的快速发展阶段。该地区的城市生活质量达到了欧洲地中海世界的最高水平，并成为中世纪时期宗教文化生活最活跃的中心。

以更宏观的视角来看，当时整个欧洲地中海和西亚地区的人口情况，就很说明问题。前工业时代社会财富的积累很难统计清楚，唯有人口是个相对准确的指标。因为只要百姓生活安稳，日子过得去，家长们就一定会生育孩子并把他们养大，富有之家更是把人丁兴旺视为最佳生活的选择，因此人口增长指标是衡量古代社会（包括国家）发展程度的最佳指标。晚期罗马帝国之后，欧洲地中海地区最大的变动便是东部和西部地区分道扬镳各自走上不同的道路，东罗马帝国即后世所称的拜占庭帝国，保持着国家权力的相对集中，皇帝专制制度自君士坦丁一世后持续到1453年。与此同时，西罗马帝国缺乏中央集权，各级封建领主以家族为基本单位，以土地为纽带形成封主和封臣之间的封建关系，出现了“我的封臣的封臣不是我的封臣”“我的封主的封主不是我的封主”的断裂等级制。各级封建主之间形成了错综复杂的关系，他们相互冲突，内部战乱不断，外族持续入侵，长期的战乱遍及西欧和中欧各地，这里成为中世纪世界战乱最为频繁的地区。

这种政治上的四分五裂状态和拜占庭帝国中央集权治下的统一帝国反差极为鲜明，其社会表现便是人口差异极大。根据学者粗略估算，自2世纪末罗马欧洲人口达到6700万到7000万人以后，欧洲居民大多集中到了拜占庭帝国，甚至在拜占庭帝国收缩到东部地区后，其人口也远远超过西部地区（John Haldon, *The Palgrave Atlas of Byzantine History*, New York: Palgrave MacMillan, 2005, p.7; Angeliki E.Laiou, *The Economic History of Byzantium*, *from the seventh through the fifteenth century*, Washington, D.C.: Dumbarton Oaks Research Library and Collection, 2002, I, pp. 47—48）。造成人口东向集中的原因虽然复杂，但战乱促使人们向富足安定的地区流动，几乎是没有疑问的关键性因素。中世纪西欧内部多层次、多形式的战乱造成人口和财富大量损失是没有争议的共识，该地区长期战乱和贫穷也是不可否认的事实，那里远比拜占庭世界更贫穷、痛苦和野蛮，人口死亡率更高。拜占庭帝国之所以长期占据欧洲地中海世界最富有地区、人口最多地带，成为文化最活跃的中心，绝非偶然，是帝国中央集权政治下社会生活相对安定的必然结果，这与战乱频繁的欧洲其他地区形成鲜明对照。

马其顿王朝巴西尔二世的“黄金时代”是拜占庭帝国发展的顶峰，也是帝国中央集权制国家由强盛到衰弱的转折点。拜占庭帝国中央集权制在科穆宁王朝时期的“贵族治理”改革后发生了改变，皇帝家族政治逐步取代了原有的国家政治。大约与此同时，欧洲其他地区特别是西欧地区的家族地方集权，却逐渐朝向以国王为代表的中央集权制发展，出现了早期多层次政治无序状态向着国家集中统一政治权力的发展趋势。衰落阶段的拜占庭国家集中统一政治权力自科穆宁王朝后愈发衰弱，不自觉地促使帝国中央集权降格为地方集权势力。这一深刻变动为嗣后欧洲地中海世界在中世纪晚期和近代早期的发展奠定了基础，西欧各国不断强化的以国王集权为最高形象的民族国家恰好符合工业文明初起的政治经济要求，那里各个近代国家的发展愈发强势，而拜占庭则从强势的中央集权“帝国”蜕变为地方集权的家族统治，资源和疆域同比萎缩，进而被新兴的中央集权的奥斯曼帝国所灭。

笔者多说了几句，希望读者在阅读《拜占庭》一书时，既能看热闹，也能看门道。更多的解读，则有赖于读者在细读此书中，细细品味，领悟参透。

2021年9月于南开大学龙兴里

满怀爱意献给T. F. S

目　录

前　言

本书是我在美国华盛顿特区敦巴顿橡树园研究图书馆暑期访学期间完成的，我原本打算在那个暑期研究查士丁尼皇帝的“小说”。我要感谢玛格丽特·马莱特在敦巴顿橡树园的热情款待（不仅是这一次，还有上一次访学），以及黛布·斯图尔特和其他图书管理员的帮助。我也要感谢哈佛大学董事会给我这次机会，感谢牛津大学出版社的珍妮·纽吉对我的支持。

特洛·斯通就本书初稿提出了宝贵意见，对此我深表感谢。本书关于拜占庭的认识要归功于我在牛津大学就读时的几位老师，特别是詹姆斯·霍华德–约翰斯顿、西里尔·曼戈、马利亚·芒德尔·曼戈，是他们引领我从事拜占庭研究。我还要感谢我的朋友和同事，包括（但不限于）马克·惠托、凯瑟琳·霍姆斯、彼得·弗兰科潘、特雷莎·肖克罗斯。

本书重点关注战争及其对拜占庭政治和文化的影响。拜占庭毕竟是个帝国，依靠武力生存，又最终亡于武力。需要说明的是，本书聚焦高雅文化，而不是经济结构；关注皇帝的政策，而不 xv

是农民的生活。这并非因为我认为这些未被关注的问题不重要，而是因为我在其他著作中已经对上述问题做了详细论述。

彼得·萨里斯

xvi 剑桥，2014

第一章

何为拜占庭？

有机的躯体共唱赞歌；
各地方言在拜占庭汇合；
他们在拜占庭放声歌唱；
君王的声音在街道回响。

（查尔斯·威廉姆斯，《帝国景象》）

信仰、理性与帝国

在我们所生活的世界，宗教极端主义正在抬头。理性高于信仰，这原本是18世纪的“启蒙运动”在智识和文化方面的伟大成就之一。但是在当今世界，这样的信念正在受到质疑和挑战。宗教极端主义的部分拥护者甚至反对现代科学技术所取得的成就，认为它们败坏道德。因此，在耶路撒冷的老城，墙上贴满了用希伯来语写的海报，谴责那些使用互联网或智能手机的人。然而，其他人（特别是伊斯兰极端主义者）却抓住了科学（尤其是现代通信技术）提供的机会来传播信息，发表观点。于是，科

1 学就被这些人用于推广他们所认为的真正的宗教事业。

那些从世俗视角看待世界的人，可能会认为这样的立场自相矛盾，但事实上启蒙运动在理性与信仰之间所挑起的对立，在某种意义上就是历史的反常。这一点可以从拜占庭的历史中得到最清楚的验证，这个基督教帝国以君士坦丁堡为首都，延续了一千多年。

根据统治者推行的官方意识形态和政治宣传，拜占庭不仅仅是一个基督教社会，由皇帝作为上帝在人间的代表。帝国也被许多人认为是上帝对人类神圣统治的核心部分。从神秘主义的角度来理解，君士坦丁堡治下的世俗帝国与基督的天国融为一体。

因此，就其核心意识形态而言，拜占庭比同时代的任何其他社会、王国和帝国都更加深刻地受到宗教的影响。有人声称，拜占庭实现了天地合一。与此同时，它在技术和科学上是中世纪早期欧亚世界西部最先进的力量，它可以用秘密武器“希腊火”（可能是一种基于石油的化合物，借助虹吸效应，可以喷射并点燃，从而摧毁敌舰，烧死敌人）震慑来犯的穆斯林军队。此外，在首都的公共空间和皇宫都有巨型机械设备，来自拉丁西方的访客无不为之惊叹。

当然，正因为拜占庭被认为是高度宗教化的社会，启蒙运动的作家和思想家才会对其不屑一顾。同时也正因为他们的轻视，中学和大学教程一直没有关注拜占庭史，这一状况过了很久
2 才得到改观。

爱德华·吉本的史学巨著《罗马帝国衰亡史》，给受过良好教育的英语读者留下了深刻的印象。在他看来，拜占庭历史是“一个乏味、单调的故事，反复诉说着软弱和痛苦”。他宣称：

"在王位上,在军营里,在学校中,我们只能徒劳地寻找那些值得名垂青史的人物。"对伏尔泰来说,这里"汇集了毫无价值的演讲和奇迹……是人类思想的耻辱"。他的法国同胞孟德斯鸠表示赞同,并把拜占庭复杂的政治关系描述为"反抗、暴动和背叛,仅此而已"。

正是孟德斯鸠率先使用"拜占庭式"一词,来指代长期的官僚政治复杂性、无休止的阴谋和随处可见的腐败。理性思想在德国的代表人物黑格尔也同样持批评态度,他告诉读者,拜占庭帝国的"总体面貌呈现出令人厌恶的愚蠢特质;可怜的激情近乎疯狂,扼杀了思想、行为和人性中任何高贵的成分"。由于政治方面的专制和宗教方面的虔诚,拜占庭被上述思想家描绘成一座拘禁智慧和灵魂的监狱。结果就是,拜占庭的思想和科学成就遭到了否定。他们忽视了一点,那就是,拜占庭的宗教文化远比官方认可的意识形态更加多样化。

那些浪漫主义作家和神秘主义诗人,比如W. B. 叶芝和查尔斯·威廉姆斯,则在19世纪和20世纪被拜占庭文化所吸引。他们之所以向往它,正是**因为**其所谓的理性的边缘化和崇高的相应提升。终其一生,沃尔特·司各特爵士未能完成以十字军东征时期的拜占庭帝国为背景的历史小说《巴黎伯爵罗伯特》。对于这个备受偏见的古老文明来说,这是个好消息。因为在司各特的所有作品中,这是最浮夸的一部(不过,必须承认,作者本人是抱着同情的态度来写这部作品的)。

在本书的剩余篇章中,读者将会看到,不管是启蒙运动时期的批评者,还是浪漫主义时期的拥护者,对于拜占庭的认识都不够全面。拜占庭的文化和社会比他们所认为的更为复杂,并且 3

正是这种复杂性让它如此迷人。拜占庭是基督教社会，但正是在这里，僧侣、教士以及教会之外的世俗人士保存了古希腊（和异教徒）的哲学、文学和思想。正因为如此，这里总会诞生一些个体，他们博览群书，眼界开阔，他们更喜欢荷马，而不是基督；更喜欢柏拉图，而不是圣保罗。

拜占庭文化倾向于回避创新，但它融合了不同起源的多个民族，因此它必然会催生多种多样的新的文学、艺术以及建筑风格和样式。它是个世界强国，几个世纪以来与伊斯兰世界冲突不断，但它学会了与邻国相处，并以巧妙务实的方式与邻国打交道，很大程度上避免了“他者”被妖魔化，而这却是拉丁国家和西方对待穆斯林东方的方式。拜占庭同时也是个大型经济体，在许多世纪里，保留了古代经济的复杂特质。相比之下，在5世纪，随着罗马帝国统治的消亡，西欧已经丧失了这种复杂性。

总的来说，拜占庭是个非常特殊的文明，没有哪个现代的民族国家或政体可以声称是它的后裔，也没有哪个民族可以声称完全继承了它的遗产。不仅是希腊人，还有土耳其人，不仅是俄罗斯人和塞尔维亚人，还有亚美尼亚人、格鲁吉亚人、叙利亚人和其他民族，他们都以不同的方式（以及在不同程度上）声称自己继承了拜占庭帝国的部分遗产。

为什么称“拜占庭”？

在前一节中，拜占庭帝国被描述为“我们称之为拜占庭的那个基督教帝国”。这是因为居住在帝国的民众很少有人自称是“拜占庭人”。形容词“拜占庭人的”有时被用来指称君士坦丁
4 堡的个体居民。这座城市在325年被君士坦丁皇帝以自己的名

字重新命名（君士坦丁之城，新罗马）之前，在希腊语中一直被称为拜占庭。

然而，即便是另一个形容词“拜占庭式的”，它的用法在很大程度上也是一种文学的矫揉造作。16世纪的德国古典学者希罗尼穆斯·沃尔夫（1516—1580）借用这个词来形容一些用希腊语描写帝国事务的作者。17世纪，法国国王路易十三和路易十四时期的宫廷学者资助出版了一批“拜占庭式的”希腊语文本，从而让这个词流行开来。此后，这个词沿用至今，不过从事拜占庭研究的一些现代学者更倾向于将拜占庭帝国及其文明称为“东罗马”。

这是因为所有的拜占庭皇帝，以及许多民众，都认为自己是罗马人，他们生活的帝国是由奥古斯都和马可·奥勒留开创的罗马帝国的直接延续。拜占庭不是罗马帝国的“继承人”，它**就是**罗马帝国。在希腊语中，他们称自己为“罗马人”，正如现代土耳其人仍将许多说希腊语的基督徒（比如塞浦路斯的基督徒和伊斯坦布尔希腊语社区的剩余居民）称为罗马人，而不是希腊人。在他们的想象中，他们就像李维和西塞罗一样，是纯粹的罗马人。为了理解这一点，我们必须回到3世纪和4世纪，当时的一系列权力斗争几乎让罗马帝国四分五裂。我们将重点观察君士坦丁皇帝以及他一手缔造的王朝。

从戴克里先到君士坦丁

到3世纪初，罗马帝国已经从罗马城扩展到包含了广袤的领土和多元化的主体民族——西起英国，东至叙利亚，北起多瑙河，南至上埃及和北非的阿特拉斯山脉（见地图1）。罗马人缔造这个庞大的帝国，靠的是辉煌的军事成就、高超的外交手腕， 5

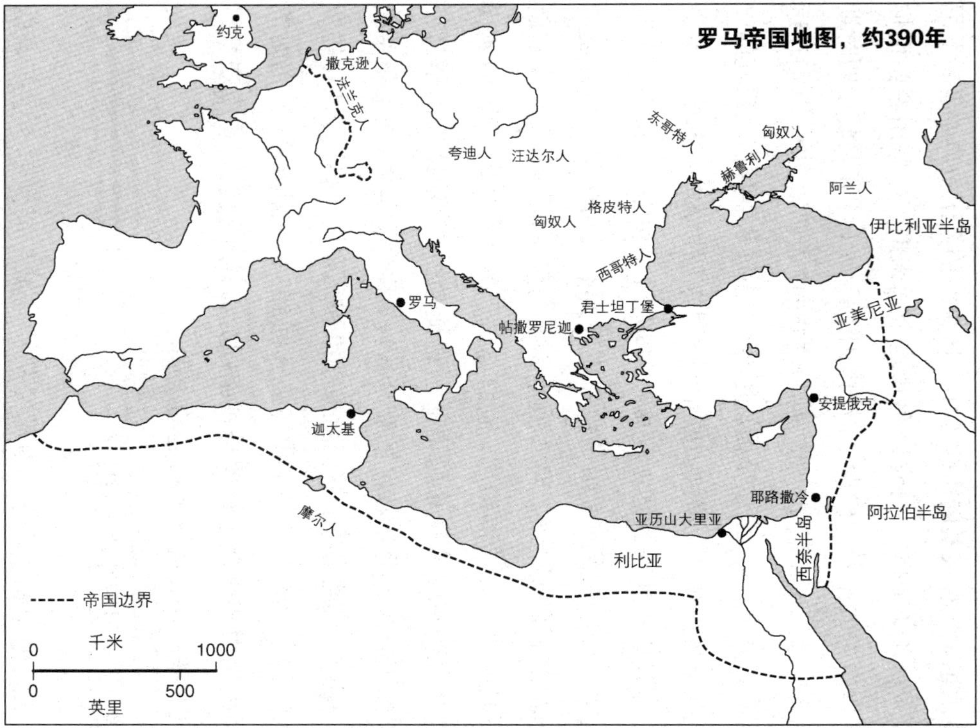

地图1　罗马帝国（约390年）

以及在罗马人渴望扩展其控制的地区精心培育和协调地方实权人物的野心与期望。那些愿意与罗马合作，接受罗马价值观和文化的人，不仅被授予一定的地位、荣誉和等级，而且被委托对他们居住的领土进行日常管理。

罗马帝国通过其努力所创造的世界，基本上是以城市为基础的。也就是说，被选入帝国计划的地区精英都居住在具有纪念意义的城市中心，在拉丁语中称“公民国家”，在希腊语中称“城邦”。 在那里，他们被组织进市议会，名为参议院。皇帝主要通过这些市议会进行统治——他的意志通过帝国任命的总督传达给议员，而总督又根据行省的情况向皇帝和罗马元老院报告。这种相对的权力下放制度促进了对帝国广大地区的统治，尽管国家的最高职位仍然专属于一个集中于罗马城的明显保守的、植根于意大利的元老院阶层。

3世纪中叶，这一制度遭受了巨大的压力。罗马人与莱茵河、多瑙河以北的多个蛮族部落所产生的经济和政治联系，破坏了后者原始的、相对平等的社会结构，并导致他们的部落和联盟规模日益庞大，最终他们的实力足以挑战罗马对边境地区的统治。

与此同时，2世纪末，罗马帝国击败了波斯人，把帝国边界继续向东推进。这场对罗马的失利导致安息王朝的终结。多个贵族集团为了争夺统治地位展开殊死搏斗，最终萨珊王朝取而代 7
之，成为波斯帝国新的统治者。

226年9月，萨珊王朝创立者阿尔达希尔一世在泰西封的王宫加冕。他很快就发动了一系列战争为自己增加威望，同时团结他身后的波斯贵族。他的儿子沙普尔一世继位后，延续了侵略政策。260年，他发动了一场大胆的战争，攻入叙利亚北部，洗劫了安提俄克，俘虏并羞辱了罗马皇帝瓦勒良。

这场危机在罗马帝国内部引发了一场社会革命。此前帝国皇帝由罗马元老院任命，但此后的多位皇帝均由军队任命。军队从自己的队伍中选拔统治者，这并非偶然。其结果是，连续多位出身卑微的军人成为帝国皇帝，他们绝对忠于帝国的意识形态，不愿意忍受失败。284年，这一过程达到高潮，戴克里先战胜了他的对手，确立了自己的皇帝地位。随后，他针对国内外的各类敌人，发动了一系列战争并最终获胜。

在戴克里先的领导下，罗马帝国恢复了和平，这给了他实施一系列行政改革的机会。他引入了权力分享制度，将帝国的权力下放到可能产生军事威胁的地区。最终，他采取“四帝共治”的形式，将庞大的帝国交给两位皇帝来治理，一位负责对付来自东方的敌人，另一位负责对付来自西方的敌人。每位皇帝都配有一名副手，被称为“恺撒”。这些掌握着帝国权力的**最高统治者**平时居住在距离帝国边境更近的帝国首都，比如西部的特里尔，或东部的安提俄克。

与此同时，行政和财政体系也进行了重组，以便帝国能更好
8 地控制各个行省。各行省的军政和民政权力分开，军队规模扩大。行省数量增加，规模缩小，以便加强中央权力对市议会的监督。

由于军队规模的扩大和帝国官僚机构的扩容，中央政府直接雇用的高级军官和文官的人数增加了一倍多。这些官员主要从各行省的市议会成员中招募。与此同时，这些人还有机会进入元老院。

新的贵族集团开始形成，并主导帝国政治。至关重要的是，罗马帝国内部的权力重组导致权力和影响力转移到了帝国的东

部行省，这里的官方语言是希腊语。帝国皇帝居住在这些省份，以便监督罗马的超强对手——新近好战的波斯帝国。

这一事实将对罗马帝国的政治文化，特别是皇帝及其周围人的行为和举止产生越来越明显的影响。尤利乌斯·恺撒的养子屋大维于公元前31年击败竞争对手马克·安东尼，取得统治权。在此之前，罗马帝国一直采取共和政体，理论上由罗马元老院和人民共同治理。

屋大维（他给自己取名“奥古斯都”，意思是“受人尊敬的人”或“超人”）率先成为皇帝。不过，他完整保留了罗马宪法规定的共和制度，将自己的最高权力凌驾其上，并且将共和制度下的各类政府机构以混杂的形式融为一体，作为帝国政府的基本架构。因此，他并没有把自己称为罗马世界的霸主（虽然他确实是），而是以罗马共和国的首席执政官自居。在罗马帝国说拉 9
丁语的西部行省中，当地精英正是通过这些共和制度的术语来了解帝国的行政运作，并且向罗马学习，从中发展出他们自己的政治文化。

相比之下，说希腊语的东部行省有着完全不同的政治文化。除了希腊本土，这些地区曾经被波斯和埃及的伟大君主所统治，他们的国王被奉为神。反过来，这些统治者通常认为，他们的臣民不过是众人皆知的（或事实上的）奴隶。神圣君主制在这些地区的文化中根深蒂固，一直延续至公元前4世纪，当时这些地区被来自马其顿的天才军事领袖亚历山大大帝所征服，他令人们有点信服他也是一个神。

尽管亚历山大和他的继业者能够让埃及、叙利亚和巴勒斯坦走上希腊化的发展道路，并且向地方精英传授希腊语，引入希腊的思想文化，但是被马其顿的国王们所接受的统治风格必须有所调整，以便满足当地人的期望。随着罗马帝国的势力向东扩展，他们的那套神圣君主制的政治词汇又被传给了罗马人。

比如在伟大的城市以弗所，当地人在用拉丁语撰写的称颂皇帝的铭文中，授予他们“大祭司”（意为罗马教皇学院的主教）之类的共和制头衔。与此同时，在用希腊语撰写的文字中，他们又宣布皇帝是“至尊”或“唯一的统治者”。在东方的其他地区，皇帝被称为“世界统治者”，拥有人身自由的罗马公民则被称为“奴隶”。

说希腊语的东部行省的政治文化，原本就有向西辐射的自然趋势。但是，随着“四帝共治”体系的确立，以及戴克里先亲自坐镇东方的决定，这种影响得到了强化。因为这意味着帝国皇帝的权力需要在东方的政治环境中运作，而在这样的环境中神圣君主制的传统是最强的。为了能有效地推行他的权力，他必须以当地人熟悉的方式发布命令。

几近同时代的历史学家奥勒留·维克托这样描述戴克里先：

> 他是个伟人，虽然有点怪癖：他想要一件金丝长袍外加一双用丝绸和珠宝点缀的紫色凉鞋。尽管这件事破坏了他的谦卑形象，显露出傲慢自大的心态，但是和其他事相比，这根本不算什么。因为他是继卡利古拉和图密善之后，第一个允许自己在公众场合被称为“主人”，被当作神来称呼和崇拜的罗马皇帝。

因此，帝国的行政权力不仅变得军事化，而且高度礼仪化，皇帝被描绘成神在人间的代表。特别是戴克里先，他声称自己的权威源自朱庇特。朱庇特是罗马国教的众神之父，被描述为皇帝的神圣同伴。

305年，暮年的戴克里先做了一件了不起的事：他和马克西米安一同退休。帝国东部的统治权由他的副手伽列里乌斯继承，帝国西部的统治权则交给君士坦提乌斯。306年，君士坦提乌斯打算穿越不列颠行省，去捍卫麻烦不断的北部边境，但他途经约克时意外去世。军队不承认君士坦提乌斯的副手塞维鲁作为西部新的皇帝，而是支持君士坦提乌斯的儿子，年轻的君士坦丁（见图1）。 11

图1 君士坦丁的大理石头像（现藏于罗马首都博物馆）

随之而来的是新一轮的内战和冲突，因为不同的派系和军队都瞄准了他们的竞争对手，想要夺取帝国权力。然而，君士坦丁接连清除了这些对手。312年，他从马克西米安的儿子马克森提乌斯手中夺得罗马城，并在米尔维安桥战役中击败后者，从而确保了自己在帝国西部的统治地位。323年，他向东行军，迎战最后一个对手李锡尼。他先是在陆地上，随后于324年又在海上接连两次击败李锡尼。这次海战的不远处是连接欧洲和亚洲的
12 博斯普鲁斯海峡，那里有古希腊人建造的定居点“拜占庭”。

正如我们所知，为了庆祝他的胜利，君士坦丁于次年将这座城市重新命名为“君士坦丁堡，新罗马”。他现在是整个罗马世界的唯一主宰，从他的新城市治理他的帝国。

新的宗教

正如他尊崇众神之父朱庇特的行为所揭示的那样，戴克里先在宗教问题上是个保守派。在统治期间，他大肆迫害他眼中的异教徒。在他看来，帝国范围内的异教徒是令神不悦的根源。其中最受其指责的就是基督徒。他们是帝国犹太臣民祖先信仰的分支和变异的追随者。

基督徒提倡对他们所认为的唯一“真”神的专一崇拜。据称，神的儿子化身为耶稣基督（希腊语的字面意思是“受膏者”）在巴勒斯坦传道。提比略在位时，耶稣被罗马当局抓捕并遭到处决。和犹太人一样，基督徒拒绝献祭帝国崇拜（这是所有帝国臣民必须履行的义务）。

对于有着传统思维方式的罗马人来说，在这方面可以原谅犹太人：他们拒绝献祭有正当理由，因为他们的宗教禁止献祭，

并且这是一种非常古老的宗教。犹太人坚持祖先的传统，对保守的罗马人来说，这从根本上讲是美德的体现。然而，基督徒不能提出这样的要求，因为他们信奉的是全新的宗教。对许多罗马人来说，这在措辞上是一个矛盾：宗教，从定义上讲，只有古老的才是真正的。

因此，我们可以想象，当罗马人听到君士坦丁皈依基督教时，必然十分震惊。君士坦丁声称，312年米尔维安桥战役的意 13
外获胜要归功于他的信仰转变。据他后来描述，当时他看到天上显现出一个巨大的十字架，他认为这是神给他的喻示。后来，在进入罗马城时，君士坦丁拒绝在朱庇特神殿的祭坛上献祭，这原本是历任皇帝的惯例。相反，从312年起，他公开宣布支持基督教社团或“教会”，以更大的慷慨偏爱它和它的教士。

君士坦丁的皈依时常被认为过于突兀和难以解释，这一事件完全改变了人类历史进程。然而，在某些方面，君士坦丁接受基督教的做法也许并不像人们想象的那样突然，他对于宗教的看法和许多生活在3世纪的先辈有相似之处。

比如，戴克里先的所作所为表明，3世纪的几位帝国皇帝故意把自己与特定的神或崇拜的对象联系在一起，他们试图利用这些精神力量。传统的罗马宗教是“多神教”（意思是，罗马人相信有许多神）。因此，这些皇帝有大量的神可供选择。

然而，基督教在2世纪至3世纪变得日益流行，不仅因为它和犹太教一样是“一神教”（意思是，基督徒相信只有一个神），而且其形式是“择一神教”（虽然可能有许多神，但是倡导信徒只崇拜唯一的至高无上的真神）。军队中择一神教的做法特别流行，通常他们都崇拜与太阳有关的神，比如光明神密特拉或太阳神索尔（“不可征服的太阳”）。

14 在3世纪时，随着军人的政治地位不断上升，信奉太阳神为唯一真神的做法已经在罗马帝国的公共宗教生活中变得越来越重要。比如，戴克里先的前任奥勒良和他在西部的继任者君士坦提乌斯一世，都是太阳神索尔的信徒，并且把自己与太阳神联系在一起进行宣传。这一点很重要，因为从很早的时候起，基督教就是在类似的宗教群体中进行传道，其中就包括信奉太阳神索尔的社会圈子；并且使用类似的太阳意象和相关词汇来描述其自身特点，比如在《新约》中，基督被描述为“世界之光”或“白昼之春”。

因此，从多个神中选择太阳神作为信奉对象，这种做法与“一神教”之间的联系非常密切。君士坦丁正是在这样的环境中成长的。考虑到这一点，312年左右，君士坦丁从最初信奉太阳神转为皈依基督教，这种转变可能并非如后人想象的那么富有戏剧性。而且，直到323年，君士坦丁还在为他的“神圣同伴——太阳神索尔”铸造钱币。在君士坦丁堡，他还建了一座自己的雕像，化身为太阳神阿波罗。在公众宣传中，君士坦丁继续使用那些可以吸引非基督教信徒的形式、表达和主题。不过，他很注意分寸，基督徒完全以寓言化的方式来理解这些宣传，不会把他当作“异教徒”。

这很可能是政治实用主义的一种做法：君士坦丁必须小心，不要得罪异教徒，这些人在他的帝国统治阶级中拥有强大的势力，而且他需要后者的合作和支持。另一方面，君士坦丁的公众形象本身所包含的多元信息，很可能准确地传达了皇帝个人宗教信仰的多元本质。与此同时，他对于自己与基督教真神关系的理解，就像东部统治者长期认为的那样：他是神在人间的代表或副手。信奉基督教的朝臣愿意接受这种看法：颇有影响力的东部主教尤西比乌斯甚至就这个问题向皇帝发表过演说。 15

312年至337年，君士坦丁在这二十五年中始终支持基督教会及其领袖。在他去世之后，他的三个儿子（君士坦斯一世、君士坦丁二世和君士坦提乌斯二世）分割了庞大的帝国，但是都采取了同样的宗教政策。361年，皇帝头衔短暂地落入异教徒朱利安的手中，但他只统治了不到十八个月就死于对波斯人的战争。

于是，在官方层面上，罗马帝国更加公开、更加积极地支持基督教，因为皇帝开始立法，不仅在公共领域（通过建造教堂或禁止公开的异教徒祭祀）转向基督教，而且也介入了家庭领域（试图禁止长期存在的某些行为模式，尤其是涉及婚姻和性的行为，因为基督教会对此持反对态度）。

因此，在罗马帝国的统治阶级中，越来越多的人选择皈依基督教，以博得皇帝的青睐。到4世纪末，基督教已不仅仅是皇帝偏爱的宗教（就像君士坦丁在位时那样），它变成了罗马帝国的官方宗教。

新的政治

正如我们所看到的，君士坦丁以自己的名字重新命名拜占庭，是为了庆祝胜利；但君士坦丁堡的建造不仅仅是为了自我吹嘘。古希腊时期的拜占庭定居点，在某些方面有利于君士坦丁的统治（我们将在第二章中看到，它也有许多劣势），因此他决定在前者的基础上扩建这座城市。

君士坦丁堡横跨海上交通要道，拥有壮美的自然风光。与

16 此同时，它邻近波斯帝国。或许最重要的原因是，在东部建立新的权力基础，为君士坦丁提供了切实有效的政治利益，有助于巩固他的新政权。

除了基督教会和神职人员之外，他在东部缺少支持。他废黜并杀害了李锡尼，这是一位在异教徒和基督徒当中都很受欢迎的皇帝。在东部大城市，对新政权的敌意不断高涨。建造君士坦丁堡的好处就在于，能把皇帝本人从陌生的、具有潜在威胁的政治环境中解脱出来，便于他在自己创造的环境中确立自己在东部的地位。

与此同时，建造君士坦丁堡，并在当地组建新的元老院，这一策略使君士坦丁和他的继任者能够建立一个有利于他们统治的关系网络，一些出身良好并具有重要影响力的地方精英，愿意在新的政治环境中成为他的代表、盟友和支持者。

为了巩固他在东部的政治权力，君士坦丁必须在地方领袖和新的皇室贵族中选拔亲信，具体包括军方“高层”、政府高官，以及那些傲慢的大地主，他们控制着东部**大城市**的议会权力。君士坦丁设法将这些人吸引到君士坦丁堡，让他们加入他的政权。

为了吸引有影响力的大人物来他的新基地，君士坦丁给他们分配了大量土地，让他们在城中建造私人住宅。332年，他还立法规定，这些人可以定期领到面包口粮，而制作这些面包的丰富的谷物供应来自埃及非常富饶的省份，帝国船队横跨地中海
17 航道将其大量运送而来。

君士坦丁堡的建立，以及当地元老院的组建和扩容（尤其是君士坦丁的儿子君士坦提乌斯二世规定，君士坦丁堡元老院的

地位与罗马元老院相等）对于新政权的合法化和保持稳定起到了至关重要的作用。

这项政策的目的很明确：设立君士坦丁堡元老院并邀请地方要员加入，从而在宫廷和行省之间建立起真正有效的联系，因为许多人在这些行省拥有土地。这些元老将成为皇帝的“朋友”，帮助他监管“统治之城”以外的帝国领土。350年，以演说知名的政治家忒弥修斯向君士坦提乌斯二世建议：

> 对于皇帝来说，他必须听到很多事情，看到很多事情，同时注意很多事情，他只有两只耳朵、两只眼睛和唯一的躯体……这确实很少。但如果他有许多朋友，他就能像先知一样，看到远方，听到远方发生的事，也将知道远方的情况；他还能像神一样，同时在许多地方生活。

君士坦提乌斯二世（337—361）用不着别人的鼓励：他积极结交“朋友”，甚至把大片优质农田以直接授予或拍卖的方式提供给这些人，以便将他们的利益与自己的政权牢牢绑定。最重要的是，君士坦丁和他的继任者通过一系列的长期政策，把地中海东半部的贵族成员聚集在一起，形成统一的政治共同体。这些人日益认同罗马人的政治身份，接受源自希腊的“高雅文化”，接受基督教信仰。最关键的一点，他们的政治野心集中在君士坦丁堡。正是这种罗马人身份、希腊文化、基督教信仰以及对君士坦丁堡的献身精神的结合（形成于4世纪），最终成为随后一千多年时间里拜占庭及其文明的独特气质。 18

第二章

“统治之城”君士坦丁堡

展现实力

君士坦丁决定把他新建造的城市作为统治中心，这并没有使君士坦丁堡立即成为东罗马帝国的官方首都。直至4世纪末，帝国的权力中心可能是一直游移的，因为皇帝经常长途旅行，亲自和敌人或竞争对手作战。比如，君士坦丁的儿子、东部领土的继承人君士坦提乌斯二世，大部分时间都待在叙利亚的安提俄克。他在那里协调各方势力，遏制波斯人的进攻。357年，君士坦提乌斯二世还访问了罗马城，当时他明显的专制风格和军事行为给蜂拥而至的围观人群留下了深刻印象。历史学家阿米亚努斯·马塞林努斯记录了皇帝进城仪式的全过程，他的描述集中体现了东部行省长期以来已经习惯的统治风格：“看起来，他打算用武力去征服幼发拉底河流域。军队的标杆分列两旁，为他开路。他本人站在一辆金色的战车上，各种宝石的反光照耀着他，闪烁生辉，就像是当天的第二道曙光。”

到了狄奥多西一世（378—395）统治时期，君士坦丁堡才被赋予东部地区唯一帝国首都的正式地位，同时也永久地成为皇 19
室的居住地。6世纪，查士丁尼皇帝（527—565）在他制定的法律中，将其称为“统治之城”或“众城之首”。然而，从君士坦丁到查士丁尼，历任皇帝都为这座城市的建造花费了大量心血，不断增加建筑规模，使其从曾经的小城镇变成帝国权力的最高舞台。

最初的拜占庭城区，像大多数传统的古希腊城市一样，以东部海边的卫城为中心，俯瞰金角湾。卫城旁边是一个广场，当地的大部分商业活动都集中在这里。还有一个圆形竞技场，用于角斗和其他比赛。

然而，君士坦丁和他的继承人重新调整了城市的发展方向，在卫城以南建造了一批宫殿建筑群，这里成为这座城市的新核心。与宫殿建筑群相邻的是元老院议事厅和圣索菲亚大教堂，这座城市的大部分法律命令都将在教堂内发布。边上还有一个大型的公共浴场（即“宙西普斯浴场”）。最重要的是，还有战车竞技场，皇帝会在那里主持战车比赛，供城市居民娱乐。

所有这些建筑都面向一个大型的公共广场，称为奥古斯都广场。宫殿群、大教堂和竞技场的集中规划，促进了公共活动和私人活动、世俗活动和宗教活动的密切联系，这将决定这座城市未来几个世纪的生活节奏。

奥古斯都广场以西是黄金里程碑，帝国内部的所有距离都根据这块碑的长度来衡量。在这条路的另一边，是被称为“中央道路”的游行路线，这条路线穿过君士坦丁广场（众多点缀着 20
雕像和纪念碑的公共广场之一），一直通向神庙。君士坦丁广场中央矗立着一根斑岩柱，上面有皇帝的铜像。到了神庙位置，这条路一分为二：一条向西北延伸至君士坦丁时期建造的城墙，途经圣使徒教堂，这是君士坦丁专门下令修建的皇室陵墓。西边的那条路把神庙和“金门”连起来，金门是这座城市的正式入口（见地图2）。

这创造了一个新的公共场所，可用于仪式游行（类似于357年君士坦提乌斯二世在罗马的入城仪式），使皇帝及其随行人员在展示皇权的同时，还能获得臣民的赞誉和称颂（当然，有时也有抱怨）。君士坦丁堡比罗马帝国的任何其他城市都更适合传递和表现帝国的威势。可以说，它更像是远东和中东地区常见的伟大的“宫殿城市”，而不是希腊或罗马的传统城市形式。

建筑风格方面，君士坦丁堡秉承的主要原则是采用笔直的街道，两侧建有柱廊，并有多个广场沿途点缀。在这方面，它与其他东部城市有许多共同点，比如叙利亚境内的安提俄克、阿帕米亚或巴尔米拉。然而，它有一个特点胜过所有其他城市，那就是在广场和其他公共场所的丰富装饰，这些地方到处都有从整个帝国收集（或洗劫）来的纪念碑和珍稀物品。比如，君士坦丁用大理石和青铜雕塑来装饰宙西普斯浴场（这里不仅可以洗澡，也适合公共演说和辩论），包括三尊阿波罗、三尊阿佛洛狄忒、两尊赫拉克勒斯和一尊波塞冬，另有二十九尊与特洛伊传说相关
21 的人物雕像（比如海伦、安德洛马赫和埃涅阿斯）。还有数量更多的异教徒神像、野生动物和传说中的狮身人面像，君士坦丁用它们来装饰战车竞技场。最重要的是，他在那里放置了两座与军事胜利有关的纪念雕像：一座雕像用于纪念屋大维在阿克提姆海战中击败马克·安东尼，另一座是取自希腊德尔斐神庙的蛇柱，以此纪念公元前479年在普拉塔亚战役中击败波斯人的希

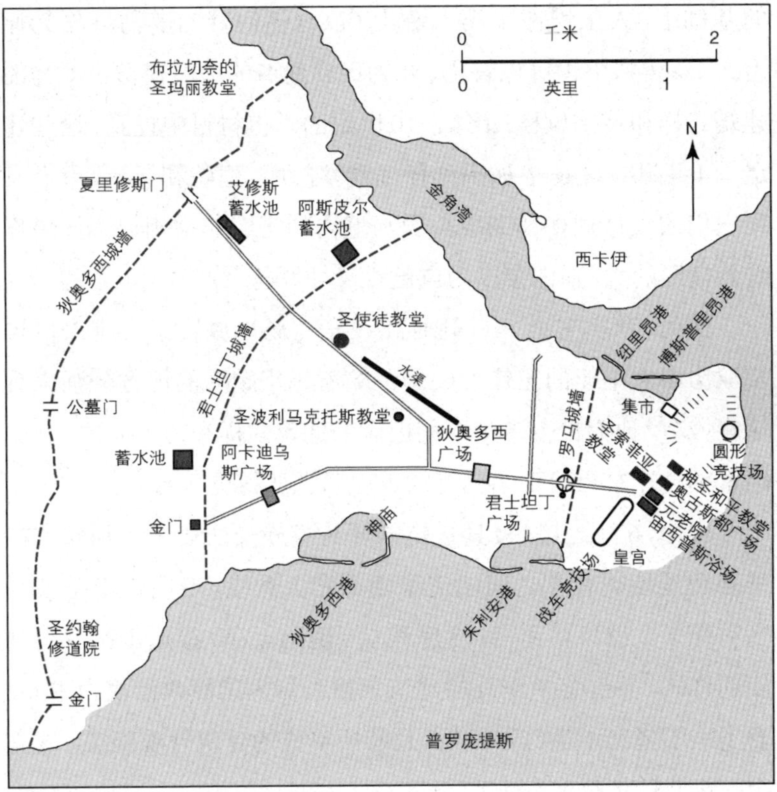

地图2　君士坦丁堡平面图 22

腊盟军。竞技场上还挂着亚历山大大帝、恺撒大帝、奥古斯都皇帝和戴克里先皇帝的画像。此外，在君士坦丁广场，与皇帝的雕像相伴的是来自罗马的雅典娜雕像，以及其他神话人物和文学人物的雕像。

个别皇帝还做过零星的尝试，想要给君士坦丁堡增添一些旧罗马城的感觉。狄奥多西一世（他自称是图拉真皇帝的后裔）模仿罗马城的图拉真论坛，建造了一个类似的公共建筑。他的儿子狄奥多西二世（408—450）在君士坦丁堡原有的六座山的基础上，人工堆造了第七座山（以台伯河畔的罗马城作为原型）。从资料中也可以看出，专为贵族建造的房屋模仿了罗马的建筑式样和装饰风格：比如，10世纪的一份材料中提到，这些建造于4世纪的宫殿，“如果你仔细观察门厅、庭院和楼梯，就会发现它们的设计规格和高度与罗马城内的宫殿非常相似。如果你看到宫殿的大门，你会以为自己正身处罗马”。

然而，狄奥多西一世同时还在竞技场里放置了一座来自埃及亚历山大里亚的宏伟方尖碑。随着越来越多的地方豪强来到这座城市，他们也会带来不同地区的建筑式样和艺术品位，这些因素都会让君士坦丁堡已有的折中感觉变得更加明显。

比如，6世纪初，极其富裕的罗马贵族安西亚·尤利安娜在神庙和圣使徒教堂之间建造了她的私人教堂，专门供奉圣波利乌科托斯。就风格而言，这座教堂（现已无存）接近于所罗门神庙的样式，并借鉴了埃及的建筑风格。作为国际政治权力中心，君士坦丁堡在4世纪至6世纪之间所形成的建筑外观确实（这完全符合它的地位）具有世界性。

如果说君士坦丁堡这种建筑风格和艺术风格混合的特征称得上独一无二，那么这座城市的建设者和工匠所采用的某些技术也可谓独特。正如我们所看到的，古希腊的拜占庭定居点所
23 选取的地理位置具有许多自然优势，但也有若干劣势，其中最大的缺点就是，它位于地震断层带，因此容易受到地震的影响。

这足以解释这座城市在建筑方面的古怪之处。比如，和传统的罗马建筑相比，君士坦丁堡建造者采用的灰浆与砖的比例要高得多（普遍达到二比一）。他们还在弧形拱券上继续搭建，有时用陶罐将拱券上方的空间填满。这样的技术使得建筑物在

遭遇地震时具有更好的结构弹性，从而能够经受住地震的考验。然而，大量使用灰浆有个副作用，由于灰浆必然使建筑物的外观显得单调乏味，于是拜占庭的工匠、捐赠者和资助人就有理由集中精力，专注于建筑物的内部设计和装饰方案。

君士坦丁堡还有另外两个地理劣势，这给4世纪至6世纪的历任皇帝带来了巨大的麻烦。首先，尽管博斯普鲁斯海峡的潮汐特性使敌人很难通过海路发起进攻，但是君士坦丁堡极易受到来自欧洲方向和色雷斯平原的陆地攻击。特别是，没有任何自然防御系统可以阻挡从多瑙河或克里米亚大草原一侧进犯的敌人。

4世纪末至5世纪初，匈奴的崛起导致北方蛮族部落局势动荡，罗马帝国不得不做出应对。404年至413年间，狄奥多西二世下令建造了一整套包括三个层次（内墙、外墙、护城河）的大型防御工事。这些“狄奥多西城墙”（大部分今天仍然屹立，见图2）

图2　君士坦丁堡包含三个层次的狄奥多西城墙

代表了罗马军事工程的巅峰，在现代军事技术和火药尚未发明
24 之前，它们称得上坚不可摧。5世纪末至6世纪初，帝国又建造了另一组防御工事（被称为“长城”），不过这些城墙的长度超出预计，政府后来发现缺乏足够的兵力驻守。

很明显，与最初君士坦丁建造的城墙相比，狄奥多西规划的城墙范围要大得多。做出这一决定的原因之一，是为了适应城市人口的增加。到5世纪初，当地人的居住范围很可能已经超出了君士坦丁规划的城区面积。

然而需要注意的是，在君士坦丁城墙和狄奥多西城墙之间，大部分新增土地从一开始就设定为耕地，其目的是让城市居民在遭遇敌人围困时，能尽量做到自给自足。正常情况下，君士坦丁堡的大部分居民都可以免费领取一定配额的面包、葡萄酒和油料。正如我们此前已提到的，用于制作面包的谷物是从埃及
25 运到君士坦丁堡的（它是东罗马帝国境内农业生产力最高的地区，因此也是帝国的“面包基地”）。

最后，困扰君士坦丁堡的另一个重大地理劣势是供水不足（即便在当代，这个难题依然困扰着伊斯坦布尔）。这座城市及其周边地区，几乎没有适合饮用和洗澡的淡水来源。他们不得不付出巨大的努力，建造一系列大型水渠，蜿蜒穿过色雷斯地区，向西延伸200多公里。

当然，这样的水渠很容易受到攻击（比如在626年，阿瓦尔人在围攻这座城市时，故意切断了瓦伦斯水渠）。历任皇帝试图建造一个由地下蓄水池和露天蓄水池共同组成的供水网络，从而弥补这个缺陷，确保充足的淡水储备。比如，在狄奥多西城墙和君士坦丁城墙之间，先后建造了三个露天蓄水池，总容量接近

100万立方米。地下蓄水池同样规模惊人，比如查士丁尼建造的“大教堂蓄水池”（位于战车竞技场和君士坦丁广场之间），至今仍是这座城市最令人惊叹的拜占庭历史遗迹之一。

从建立初期开始，这座城市的地理空间就按照社会阶层差异有着相对清晰的划分。如前所述，贵族的住宅，以及归皇室所有并颁发给皇亲和宠臣的“恩典”住宅，都位于城市西部（狄奥多西城墙和君士坦丁城墙之间的区域更具田园风情，特别适合建造郊区别墅），并且集中在宫殿建筑群周围。

普通民众的住房大都集中在西北部，靠近商业区，边上就是金角湾的纽里昂港，大部分批发商品都是来自这里。4世纪时， 26
城市南部增加了两个大型人工港：朱利安港和狄奥多西港。这些港口的主要用途很可能是为了停泊从埃及到君士坦丁堡的运粮船，港口附近还建造了巨大的仓库来存放粮食。随着城市规模增大，粮食供给变得越发重要。

君士坦丁堡很可能在6世纪初查士丁尼在位时达到了人口峰值，当时城中住着约50万居民。查士丁尼当然会抱怨农村移民给城市带来的问题，并采取了一些措施来控制人口。然而在542年，厄运降临了，这座城市（连同帝国的其他地区）受到腺鼠疫的侵袭，这是有记载的腺鼠疫第一次暴发。当灾难发生时，历史学家普罗柯比恰好在君士坦丁堡，他描述了这场流行病如何在一天之内夺走一万名受害者的生命。他还记录了处理尸体的过程，包括在城墙外挖掘万人坑，以及把部分尸体丢到金角湾的海水里。由于洋流的作用，这些尸体会一直停留在那里，直至腐烂。

这样一来，纽里昂港和商业区附近的幸存者日子就很难过

（特别是考虑到，当时的人们认为“糟糕的空气质量”会引发疾病）。因此，从6世纪中叶开始，当地居民逐渐向城市南部迁移，朱利安港成为新的商业中心。考虑到腺鼠疫的影响，这些变化都不足为奇。纽里昂港则变成了海军船坞。直到11世纪，意大利商人通过谈判，获权在那里建立贸易定居点，金角湾才恢复原有的经济地位。

在一系列政治事件的推动下，君士坦丁堡“古城”时期的城
27 市建设也在6世纪进入了最后阶段。正如我们现在所看到的，战车竞技场位于首都的政治中心，来到竞技场观看比赛的热心观众可以分成四个“派系”，其中最受欢迎的两个是蓝派和绿派。

这些派系在城市的礼仪生活中扮演着重要的角色。比如，他们会参加皇室加冕礼，代表“人民”的呼声。他们也有一定的公民责任和义务，比如救火，或在敌人进攻时协助守卫城墙。然而，他们也可能造成极大的破坏，尤其是不时出现的派系之间的武力冲突和暴乱。

普罗柯比在其《秘史》中生动描绘了派系成员无法无天的犯罪行为，包括强奸、绑架、抢劫和谋杀。他还记录了他们古怪的“匈奴式”发型：两边剪短，头顶留长，后面还拖着一条“鲻鱼”辫子。这些派系成员都是年轻人，来自各个阶层，他们的暴乱行为可能具有政治目的（特别是为了换取现金）。

为了应对一再爆发的派系之间的暴乱，532年，查士丁尼皇帝逮捕了蓝绿两个派系的领袖人物。这导致各派系联合起来反对他，引发了更大规模的暴乱。查士丁尼在元老院的反对者也卷入其中，试图利用这次机会来罢黜他。

查士丁尼原本打算逃跑，但性格坚忍的皇后狄奥多拉劝阻

了他。狄奥多拉之前曾是一名演员，（痛恨查士丁尼的）普罗柯比形容她像一个爱管闲事的妓女。在皇后的鼓励下，查士丁尼坚定信心，发动军队中的支持者来对抗暴徒。据称，他的支持者在战车竞技场镇压了3万名暴徒。查士丁尼还抓住机会在元老院对付他的敌人，从而巩固了岌岌可危的政权。 28

这一事件后来被称为“尼卡”暴乱（因为暴徒一直叫喊着“尼卡！”，意思是“征服！”）。它不仅没有罢免皇帝，而且还对首都中心地区的建筑物造成了巨大的破坏：暴徒把圣索菲亚大教堂烧成灰烬，附近的神圣和平教堂与近卫直辖区的办公场所（犯罪记录和同类文档通常收藏在这里），以及位于奥古斯都广场附近的许多政府建筑都化为灰烬。必须强调的是，在尼卡暴乱平息后，查士丁尼抓住机会，在重建城市中心的过程中突出自己的功绩。这尤其体现在圣索菲亚大教堂的重建，查士丁尼做出了大胆的决定（虽然略显草率）。

在暴乱发生之前，查士丁尼已经下令，在宫殿建筑群的南面建造一座新的教堂，专门供奉叙利亚圣徒塞尔吉乌斯和巴克斯。这座教堂原本想为来自叙利亚的僧侣和神职人员提供居所，皇后狄奥多拉是他们的支持者。或许是为了向狄奥多拉的庇护对象表示敬意，并且暗示他们的叙利亚背景，圣塞尔吉乌斯和巴克斯教堂在规划和建造时，在顶部中央位置采用了圆顶设计。因为在叙利亚，传统的教会建筑大多采用圆顶的折中风格。虽然这座教堂的位置略微偏离广场，但它的建筑风格优雅迷人。这一设计理念很可能启发了查士丁尼和他的建筑师，他们决定按照类似风格来重建圣索菲亚大教堂（替代旧建筑的长方形设计），只不过规模更加惊人（见图3）。

图3　带土耳其尖塔的圣索菲亚大教堂外景

和圣塞尔吉乌斯和巴克斯教堂一样，圣索菲亚大教堂也采用圆顶设计。在70米乘76米的矩形平面内，四根硕大的柱子组成一个边长30米的正方形。这些柱子支撑着距离地面20米高的弧形拱券，而这些弧形拱券又共同支撑着直径30米的中央圆
29 顶，顶部距离地面的高度达到52米。除了中心部位的正方形加圆顶设计，教堂的其他地方还有许多内墙和柱子，一方面用于支撑外墙，另一方面也形成了过道和拱廊。

教堂的下层用大理石精心装饰：地面铺着灰色的大理石板，墙壁和柱子镶嵌着五颜六色的大理石。上层的拱廊和过道装饰着经过雕刻的大理石，墙壁则装饰着各式各样的马赛克镶嵌图案，透过彩色玻璃窗照射进来的阳光让这些图案变得色彩斑斓，从而引领人们的视线（和头脑）向上观察，思考神的奥秘。

在查士丁尼的监督下，圣索菲亚大教堂的重建速度非常快：从尼卡暴乱到正式完工仅用了五年时间。这就意味着，工程建设必然是仓促完成的。比如，当时帝国各地的建筑材料都已经被征用，但建筑师依然无法找到充足的、具有同等大小和规格的支柱。这样一来，教堂的外观就略显杂乱，没法做到完全对称。30
同样，教堂上层的墙壁在装饰时采用了大面积的镶嵌图案，而不是更为精致的镶嵌画，就是因为前者的制作成本更低，完成速度更快。然而，在顶部中央的弧形拱券位置，却装饰着四幅非常生动、非常有感染力的镶嵌画（这些画直到最近才被发现），描绘的内容可能是大天使或类似的神话人物。

然而，无论完成得多么仓促，圣索菲亚大教堂的重建代表着结构工程和照明工程的伟大成就。据说，查士丁尼在新教堂完工时宣称："所罗门，我击败了你！"10世纪，来自斯堪的纳维亚半岛和基辅的斯拉夫人来到君士坦丁堡时，会自愿接受洗礼，信奉皇帝倡导的东正教。他们给出的理由是，在圣索菲亚大教堂，他们相信自己见到了神的真实居所。

中世纪城市

在中世纪的大部分时间里，来到君士坦丁堡的游客所见到的，基本上是查士丁尼留下的城市。在一定程度上，这是因为查士丁尼之后的历任皇帝所拥有的经济资源无法与他相比，因此他们不可能像古代晚期的那些皇帝一样大规模建造城市，同样他们也缺乏雄心壮志。对于中世纪和拜占庭的想象，这座"统治之城"给人的典型印象是其古代晚期留下的两大景观：圣索菲亚大教堂和狄奥多西城墙。事实上，城堡中的圆顶建筑几乎成了这座城市的视觉标志。

在查士丁尼去世后的几年里，城市面貌发生的主要变化是，随着新教堂的大量建造，整个基督教世界的圣徒遗物被大量收
31 集并带到这里，从而强化了这座城市的基督教特色。与此同时，圣母成为君士坦丁堡的保护神。

这一传统很可能起源于5世纪，当时狄奥多西王朝的多位皇后鼓励并推动对圣母玛利亚的崇拜。626年，圣母崇拜达到顶峰。在阿瓦尔人围城期间，许多居民相信圣母玛利亚亲自参与防御战，并奇迹般地拯救了这座城市，使其免受蛮族肆虐。当时，君士坦丁堡牧首特意写了圣歌，表示感谢。

> 献给你，诞下神的人，不可战胜的守护者。你的城市感恩祈祷，将胜利献给你，是你让我们免于受难。幸亏你的威力，才使我们脱离一切危险，让我们在此欢呼：永远的童贞女玛利亚！

7世纪，耶路撒冷陷落，先是被波斯人占领，随后又落入阿拉伯人手中。在那之后，君士坦丁堡开始被想象成“新耶路撒冷”。在阿拉伯军队攻城之前，从圣墓教堂偷偷带出来的真十字架的残片被送到这里（见第三章）。

查士丁尼之后的历任皇帝很少大兴土木，可能也是因为他们不需要这么做。正如我们所看到的，君士坦丁堡的人口很可能在查士丁尼时期达到峰值，总人数在50万左右，当时这座城市还没有遭受腺鼠疫袭击。在随后的两百年里，腺鼠疫周期性复发，导致人口始终处于低位。从8世纪末开始，人口逐渐上升，直

到11世纪末和12世纪，科穆宁王朝统治时期，人口才恢复到接近查士丁尼时期的水平。然而到了1204年，第四次十字军东征攻占君士坦丁堡，并洗劫了整座城市。战争带来的破坏，加上14世纪出现的黑死病，导致城市人口再次下降。32

我们可以想象人口规模的上下波动：在查士丁尼时期和科穆宁王朝，君士坦丁堡的人口达到峰值，在50万左右；在8世纪的伊苏里亚王朝和14世纪的巴列奥略王朝统治下，人口降到谷底，可能在4万至7万之间。在7世纪，帝国失去了对埃及的控制（见第三章），导致粮食运输中断，面包免费配给制也被迫废除。由此引发的粮食供应危机也可能导致人口减少。

当然，有迹象表明，7世纪和8世纪的君士坦丁堡并不是以前的样子。如前所述，626年，阿瓦尔人破坏了瓦伦斯水渠，试图通过这个办法来切断城市供水。直到君士坦丁五世（741—775）统治时期，水渠才得以修复，这表明减少后的供水量足以满足当时的人口需求。另一个细节同样表明人口在减少。542年，查士丁尼被迫下令，将因患腺鼠疫去世的部分居民葬在城墙外的万人坑中，同时将另一部分尸体扔进海里。到了8世纪中叶，被称为"查士丁尼瘟疫"的恶疾最后一次暴发，这次君士坦丁五世下令将死者埋葬在城墙内的墓地里。由此可以推断，当时城内有足够的空间。

然而，君士坦丁五世将死者埋葬在城墙内的决定，也反映了人们对死者态度的改变。古希腊人和古罗马人一心希望生者远离死者：他们认为城邦是生者的居所，墓地才是死者的归宿。不过，基督教崇敬殉难者和迷恋圣徒遗物的做法，逐渐打破了罗马法律和希腊罗马习俗极力维护的生死界限。

同样，从6世纪至8世纪，君士坦丁堡的城市生活也发生了
33 变化，一部分原因是外来的危机（见第三章），另一部分原因则是更广泛的文化变迁过程。在中世纪，君士坦丁堡居民更加注重私人生活和家庭生活。与此同时，在教会的影响下，居民反对在公开场合展示裸体或进行滑稽表演。因此，圆形竞技场和大浴场（比如在尼卡暴乱中遭到破坏的宙西普斯浴场）都停止使用。

古代晚期城市的某些重要的公共广场在中世纪被用作牲畜交易市场，旧集市旁边的罗马圆形竞技场则成了处决犯人的地方，这是对于公共空间的惊人改造。正如第六章所言，居民对艺术的态度发生了变化，古代手工技艺大量失传，这也意味着君士坦丁和他的继承人用于装饰这座城市的雕像，现在开始引起质疑和恐慌，被视为恶魔的化身，而不是高雅文化的象征。

同样，东罗马帝国的中央政府在7世纪和8世纪进行了重组，不再使用近卫直辖区和其他一些政府机构，帝国的行政权力全都集中在皇宫内。但是，基督教和罗马城市的基本轮廓和外观作为查士丁尼的遗赠仍然完好地保存了下来。

如前所述，教会和基督教机构多年来一直影响着君士坦丁堡的城市面貌：即使在最困难的时期，历任皇帝仍然在这座城市中建造和捐赠教堂、修道院和慈善机构。重要的是，大臣和贵族也效仿皇室的善举，建造了他们自己的教堂、修道院和慈善机构（从7世纪开始，皇室贵族实质上更多的是宫廷朝臣或宫廷官吏，
34 因此更倾向于追随和模仿皇室的习惯）。

抛开皇宫内的世界不谈，到10世纪和11世纪，君士坦丁堡的统治权落入了权贵家族和宗教机构手中。许多贵族依然居住

在4世纪至6世纪为古代晚期贵族建造的豪宅中，而修道院和教会机构的建立则要感谢皇室和贵族的捐赠。

权贵家族和宗教机构依靠城内的商店和仓库获得大笔收益，他们还在其他行省拥有大量地产，特别是色雷斯、马其顿和小亚细亚西部地区。在组织结构、经济模式，甚至建筑风格方面，贵族和教会都具有相似性（最后一点或许不足为奇，因为许多修道院，比如位于君士坦丁城墙和狄奥多西城墙之间的斯图迪奥斯先驱圣约翰修道院，最初就是贵族的住宅或别墅）。正如新神学家圣西蒙所言（当时他的听众都是教会成员）：

> 世界是什么？世间万物又是什么？听着！不是金子，不是银子，不是马，也不是骡子，这一切都是为了满足身体的需要，我们也得到了这一切。不是面包，不是肉，不是酒，因为我们也能吃饱喝足。不是房子，不是浴场，不是村庄，不是葡萄园或庄园，因为这些事物教会和修道院也有。

很显然，拜占庭的贵族阶层建立这样的宗教机构，既出于虔诚，又着眼于来世。然而，从其他角度考虑，这种慷慨行为也是有利的。长期以来，罗马和拜占庭贵族一直试图禁止其继承人将财产赠予或出售给家族以外的人，从而确保整个家族不至于彻底没落。然而，罗马和拜占庭的法律使得这一点很难实现：比如，查士丁尼颁布法令，对继承人的此类限制只能持续三代。不过，法律允许贵族以捐赠的方式建立修道院和其他宗教机构，为 35
他们提供有利可图的投资和财产。作为交换条件，这些修道院必须保证他们的后代（永久）享有固定的收入份额。

因此，创建宗教机构的做法在拜占庭很普遍，到了中世纪，君士坦丁堡在物质和制度上均被修道院所控制。造成这一现象的部分原因是，在罗马和拜占庭的法律框架内，这是最接近于当代“信托基金”的制度。捐赠者不仅可以寄托自身灵魂的死后命运，而且可以确保后代子孙的物质生活。对于贵族和教会来说，这是天作之合。

秩序与混乱

中世纪的君士坦丁堡在商业上仍然充满活力，在文化上仍然包罗万象。比如，在12世纪，当人口再次接近查士丁尼时期的峰值时，这座城市借助主要的商业渠道，能够满足自身对于谷物的需求。

同样，尽管在拜占庭人的想象中，“罗马”和“基督教”身份之间逐渐等同，但这座城市仍然居住着大量的犹太人。到了10世纪，这里还有一群穆斯林阿拉伯商人，他们得到许可，拥有自己的清真寺。在11世纪，如前所述，金角湾周边地区成为（来自威尼斯、热那亚、比萨和阿马尔菲的）意大利商人群体的家园，他们随后在拜占庭帝国的经济生活中发挥了重要作用。此外，自7世纪和8世纪起，帝国的许多高级官员有着亚美尼亚和高加索血统。

因此，君士坦丁堡仍然是一个熙熙攘攘的政治权力中心
36 和文化交流中心，这里的人们使用多种语言。拜占庭诗人约翰·策策斯在12世纪中叶这样写道：“当我和斯基泰人在一起时，你会发现我是斯基泰人；当我和拉丁人在一起时，你会发现我是拉丁人；当我和其他民族在一起时，我就像是他们当中的一

员……我用得体的语言和每个人交流，我知道这才是最好举止的标志。”

在策策斯写作的年代，君士坦丁堡经历了一些变化。首先，建立意大利贸易定居点，这有助于复兴这座城市在6世纪陷入经济衰退的一个城区。其次，在科穆宁王朝的统治时期，皇室很少使用竞技场的旧宫殿建筑群，而是搬到了西北部布拉切奈区的另一座宫殿。这里靠近城墙，因此在军事危险不断增加的时候，皇帝可以加强对城市防御的监督。

在拜占庭帝国的意识形态中，皇帝必须维持秩序，确保他的帝国就像上帝治理的宇宙一样秩序井然。其中，最具挑战性的任务就是管理帝国的首都，那里的人口似乎总是处于失控的边缘。

正如我们所看到的，在查士丁尼时代，皇帝必须应对来自农村的大规模移民问题和派系之间的暴力冲突。他制定的法律表明，他试图规范城市生活中更糟糕的一面：打击那些用鞋子和高档食品引诱农村女孩进入大城市的人口贩子；立法反对同性恋行为；禁止演员和妓女打扮成僧侣、牧师和修女的样子取悦他们的观众和客户。

令人震惊的是，在查士丁尼时期，已知的唯一因同性恋行为受到惩罚的一类人是主教。而且，根据普罗柯比的记载，居住在该市的北非神职人员因为与妓女交往被抓。很显然，这座城市 37
并不像官方宣扬的那么“神圣”，也不像建造修道院行为暗示的那么虔诚。

在查士丁尼之后的时代，这座城市的民众道德水平并没有得到改善。比如，伊斯坦布尔考古博物馆收藏的一件双面浮雕可以追溯到11世纪左右，上面的雕像似乎是一只脖子上戴着链子的熊和一个戴着狗面具的裸体男子。谁下令制作了这件浮雕？出于什么目的？这些问题依然没有确切答案。无论如何，这样的造型十分诡异。

宫廷中也有糟糕的行为。拜占庭人（和他们之前的古罗马人一样）喜欢用小丑来逗乐，这些小丑只戴一顶软帽，通常拿着两根棍子。他们会暴露并摇摆自己的臀部，用来娱乐他人。据一位（怀有敌意的）消息人士称，行为放荡的皇帝米哈伊尔三世（842—867，绰号“醉鬼”）身边就有一个这样的小丑。他让小丑打扮成君士坦丁堡牧首的样子，坐在王座旁。此时他的母亲狄奥多拉走进房间，在皇帝面前跪下，并请牧首代她祈祷。面对这位虔诚的寡妇，小丑用古怪的方式做出回应。他转过身，屁股对着她，“从他肮脏的肠子里发出了驴一样的响声”。

城市居民依旧不时发动暴乱。比如，针对意大利商人的1182年暴乱，对于科穆宁王朝与西方各国的关系造成了致命伤害。确保充足的食物和供给仍然是关键，只有这样才能带给人
38 民幸福，并且将他们团结起来支持执政的皇帝。

比如，牧首尼基弗鲁斯就曾贬低8世纪的皇帝君士坦丁五世（741—775），因为后者反对宗教绘像或“圣像”。他抱怨说，虽然老百姓认为后者执政时期物产丰富，食品廉价，其实那个时代经历了“瘟疫、地震、流星、饥荒和内战”。在他看来，“这些完全没有头脑的低等动物大肆吹嘘那些‘幸福的日子’，他们说当时物产富足”。这样的人能指望什么呢？

他们中的大多数人甚至不知道字母表中各个字母的名

> 字，却鄙视和辱骂那些重视教育的人。他们中最粗暴、最鲁莽的人甚至缺少生活必需品，每天都吃不饱饭，只能在偏僻简陋的巷子里游荡。

令人震惊的是，在7世纪和8世纪拜占庭政府的机构重组中，只有少数职位没有废除（甚至没有大幅改革）。其中之一就是君士坦丁堡的市政长官，他的职责是维持城市秩序，同时监督粮食供应，并管理君士坦丁堡经济的“制高点”。

在9世纪末或10世纪初问世的《市政手册》中，这一点表现得尤为清楚。该手册中有一套指导意见，供市政长官参考，内容涉及对君士坦丁堡各类行会的管理，后者负责处理或生产食品，提供商业服务和货币，以及供应宫廷仪式所需的物品。

因此，我们可以找到管理商人的各项规定，涉及面包商、杂货商、鱼贩、家用纺织品或来自东方穆斯林地区的进口纺织品的经销商、香料商、肥皂和蜡的经销商、熏香推销商以及各种肉类贩卖商。另外，有些规定还涉及法律公证人、银行家和从事货币 39
兑换的中间商。这里列出的只是帝国政府特别关心的行业，他们对此进行积极的监督和控制。不难想象，在这些行业之外，还有更多的、基本上不受监管的商业活动。

此外有证据表明，来自帝国各地的牲畜和其他商品（如木材）会被运送到君士坦丁堡的市场。甚至宫廷的仪式节奏也进行了调整，与城市食物供应的节奏保持一致。10世纪问世的一部被称为《礼典》的皇室仪式汇编，记载了皇帝及其随行人员穿过纵横交错的城市道路，正式视察战备粮仓时应遵循的礼节。

这座城市的粮食供应必须做到万无一失，杜绝任何偶然因素，并且由皇帝亲自监督。据《礼典》记载：“检验官要紧跟在皇帝后面，如果皇帝想知道是否真的有这么多粮食储存在仓库里，检验官应听从命令，测算皇帝视察的任何仓库，并且告诉他真相。”只有当皇帝完全放心后，出巡队伍才能继续前进。

第三章

从古代到中世纪

控制危机

4世纪末，罗马帝国被分成两部分：东罗马帝国（包括希腊、小亚细亚和安纳托利亚、叙利亚、巴勒斯坦和埃及）和西罗马帝国（包括意大利、高卢、英国、伊比利亚半岛和非洲），分界线贯穿了巴尔干半岛上的伊利里库姆行省。两个帝国在很大程度上是相互独立的，分别听从各自的统治者。

然而，在5世纪初，整个帝国受到来自莱茵河和多瑙河以北的匈奴人和多个日耳曼部落的持续军事压力。帝国的西部行省首当其冲，遭受蛮族入侵，并逐渐失去与帝国中央政府的联系。因此，到470年代初期，西罗马帝国已经失去了对意大利以外领土的实际控制。

476年，西罗马帝国的末代皇帝罗慕路斯·奥古斯都路斯（又称“小奥古斯都”）被哥特人奥多亚克废黜，后者还写信给君士坦丁堡，通知东罗马帝国，现在西方不再需要皇帝了。 41

因此，在5世纪末，意大利、西班牙、高卢和非洲等地分别出现了哥特人、法兰克人、勃艮第人和汪达尔人建立的自治王国，并取代罗马帝国在地中海周边地区的统一霸权。就连罗马城本身，也不在帝国的掌控之中。

一些地区的领导人（比如，萨伏伊地区的勃艮第人）假装顺从，承认君士坦丁堡的东罗马帝国皇帝具有至高无上的帝国宗主权。但另一些政权，比如汪达尔人，则公然藐视帝国，坚决反对东罗马帝国皇帝具有普遍权威，他们还在自己的领地采取一种类似于帝国官方的统治方式。比如，在西班牙和高卢南部，哥特王国（在罗马朝臣的协助下）开始修订和更新罗马法关于财产和其他敏感问题的内容，从而侵犯了一直被视为帝国特权的某些权力。

雪上加霜的是，哥特人和汪达尔人还拒绝接受帝国官方认可的关于基督教信仰的相关界定。在君士坦丁时代，基督教团体一直被神学争论所困扰。因此，325年，君士坦丁在尼西亚城召开教会的第一次全体会议（又称“大公会议”），既是为了解决与教会治理有关的问题，也是为了化解主要的神学争议，即在圣父、圣子、圣灵“三位一体”的范围内，圣父和圣子是否一直都是平等共存。381年，狄奥多西一世又召开了一次会议，试图澄清同一问题。

这些会议谴责了4世纪来自亚历山大里亚的一位名叫阿里乌的教士，因为他主张圣父至高无上。那些蛮族则反过来支持阿里乌，因为他们初次聆听福音时，阿里乌的神学正好占据优
42 势。这样一来，教义立场导致这些蛮族进一步远离君士坦丁堡。

因此，罗马帝国统治在西部的消亡和多个后罗马帝国继承

王国的出现，直接挑战了君士坦丁堡的东罗马帝国皇帝的权威；而他声称自己是奥古斯都的唯一继承人，对历史上罗马帝国的全部领土拥有合法管辖权。6世纪初，在君士坦丁堡的帝国政府中，依然有人坚持这一点。理论上，皇帝可以主张普遍权威；但事实上，他对原罗马帝国的部分领土已经失去了控制，这样的反差激发了关于帝国统治性质的大量政治投机和争论。

与此同时，一些外部威胁开始浮现，加剧了6世纪初君士坦丁堡的政治紧张局势。原本在5世纪的时候，东罗马帝国与波斯帝国建立了和平关系。两大帝国的统治者都感受到匈奴人的威胁，因此他们选择合作，共同对付夹在两国中间的蛮族。或许正是与波斯的和平协议，使东罗马帝国得以克服5世纪的危机。

然而，两大帝国在6世纪初再次爆发战争。502年，波斯人对罗马帝国控制的叙利亚地区发起进攻，君士坦丁堡方面认为这是对帝国的无端挑衅。虽然经过劝说，波斯人最终接受撤军以换取贡品，但战争的高昂代价使得帝国东部各行省的许多居民以及在那里拥有土地的利益各方，包括君士坦丁堡元老院的重要成员，都深感忧虑。以元老院为纽带，叙利亚边境地区薄弱 43
的军事防御能力对首都的政治格局产生了深远的影响。

与波斯之间重启战争，也给帝国带来了其他更深远的影响。因为这意味着皇帝别无选择，只能提升帝国的军事能力和基础防御设施。这些改造都需要资金，而资金意味着征税（例如，据估计，某地的罗马军队接收了罗马国家所征集税收总额的二分之一至三分之二）。

然而，自4世纪中叶以来，罗马帝国的历任皇帝发现征税的难度越来越大。第一章已经提到，4世纪时在整个罗马帝国的控制范围内出现了一个新的皇室贵族阶层，这些贵族掌握着国家的高级职位，并且大量占有土地，将自己的势力拓展到地方社会。尽管从财政角度看，他们的庄园具有较高的生产率，有助于推动经济增长，但随后的历史证明，对于帝国统治来说，这是非常糟糕的发展趋势。

在罗马帝国晚期，征税对象主要是土地和耕种土地的农民，新贵族的崛起意味着越来越多的土地正变成私人财产，土地所有者凭借自身的政治地位和社会关系，完全有能力逃避其财产应纳的税（以及他们通常所承担征集的税）。

从4世纪末开始，土地所有者的逃税行为开始引起历任皇帝的高度关注。他们担心这些官员是否会藐视帝国法律的其他方面，并且是否有能力发起反抗，比如，收买帝国军队，把军队变成自己的私人武装，用于保护财产安全。或者，在自己的庄园内非法建造监狱，用于恐吓和欺骗他们的劳动力。6世纪初，与波
44 斯帝国战火重启，迫使帝国政府想办法解决这个问题，他们要求各行省严格遵从皇帝的令状和他颁布的各项法律。

另一个变化也导致皇帝的权威遭到削弱。381年，君士坦丁堡大公会议终结了教会内部关于“三位一体”的神学争论。接下来，神学家和教士开始讨论耶稣基督的人性与神性的关系，因为耶稣被认为既是肉胎凡人，又是神圣之体。5世纪早期，君士坦丁堡牧首聂斯脱里提出，玛利亚（当时她刚成为这座城市的守护神）不应该被称为“圣母”，因为她只是生下了凡人耶稣。

因为他的异端主张，聂斯脱里的牧首之位被罢黜。但在叙利亚、埃及和其他地区的教会中，他的对手（以亚历山大里亚牧首西里尔为首）认为，451年在卡尔西顿大公会议上所确立的关

于耶稣个人事迹的教义，让那些一心想要区分耶稣的人性与神性的异端分子有太多的空子可钻，因此他们拒绝接受原先的教义。然而，大公会议做出的决定等同于帝国法律。因此，否定原先的教义不仅是神学争论，同时也是违抗皇帝意志的表现。

查士丁尼时期是拜占庭历史发展的分界线。在他执政初期，对于皇帝权威的每一次挑战，他都会坚决予以回应。527年至544年间，他发起的一系列改革必须被视作整体。就像圣索菲亚大教堂（这是他留给君士坦丁堡的气势雄伟的纪念性建筑）的圆顶结构一样，重申皇帝权威的做法需要一系列政策的支持，涉及宗教、法律、行省管理、财政、帝国意识形态等多个领域。 45

查士丁尼的首要任务是重申帝国有权管控民众的宗教生活。528年至529年，刚成为皇帝的查士丁尼签发了第一批法令，其中就包括对上层社会中的异教徒以及异端分子和同性恋者进行严厉打击。532年，查士丁尼试图协调教会内部关于是否支持卡尔西顿大公会议的派系之争，随后他多次做过类似的尝试。这些做法具有两个目的：一个是通过真诚的努力，确立所有人都可以赞同的神学立场；另一个是惩罚和排斥那些带头反抗帝国权威的主教，不留任何情面。

与此同时，查士丁尼想要在意识形态方面找到合理的借口，以便他干预民众的宗教生活。和他之前的任何一位皇帝相比，查士丁尼都更加看重皇帝和祭司的权威，并且认为这种权威来自共同的神圣渊源。皇室仪式中的宗教氛围越来越浓厚，强调皇帝同时掌握神圣权力和世俗权力的独特地位。

查士丁尼不仅试图将皇帝置于民众宗教生活的核心位置，而且也强调皇帝对于政府的世俗架构拥有控制权。528年至534

年间，查士丁尼命令一批顾问进行改革，并编纂帝国的民法典。他们对原先的法律框架进行改造，使其适应新的需求。在罗马帝国的历史上，皇帝首次被确立为唯一的法律渊源。查士丁尼下令称，皇帝本人就是“法律的化身”。

在帝国形成新的法律框架之后，查士丁尼于535年启动了
46 新的改革，试图使民众寻求法律援助变得更加方便。此外，535年至539年间，查士丁尼通过立法，确定了至少17个行省的行政和管理架构，这样做的目的是避免贵族地主对总督进行花言巧语的诱惑和贿赂，从而确保完成至关重要的征税工作。539年，他向埃及行省发布政令，宣称市议员、土地所有者和帝国官员的逃税行为已经威胁到“我们国家的凝聚力”。

此类协调一致的系列改革必然会引起内部的强烈反对，尤其是那些贵族利益集团，他们不愿意看到一个推行强势统治的皇帝。532年，发生了尼卡暴乱（见第二章），这是不满情绪的第一次发泄，也是最激烈的一次。皇帝下令，在这座城市的战车竞技场里，以大屠杀的方式实施镇压。

与此同时，查士丁尼对东、北、西三面的敌人采取了咄咄逼人的姿态。他投入大量资金，用于加强波斯边境和巴尔干地区的基础防御设施，并试图扩大帝国在高加索和阿拉伯地区的影响力，利用传教和皈依，以及补贴和武力，吸引当地人逐渐成为君士坦丁堡的盟友。

在军事上，查士丁尼最关注的是帝国的东部和北部边境。不过，在530年代，他试图利用北非汪达尔王国和意大利东哥特政权的内部混乱，恢复罗马帝国对原有领土的直接统治。在许多方面，有点像圣索菲亚大教堂的重建，这些军事行动所付出的

代价都很小：只有大约1.5万人被派往北非；同样，在漫长的意大利战役中，参战的军队人数不会超过3万人。 47

尽管如此，恢复西部领土的尝试取得了成功。533年至534年，查士丁尼收复北非。535年至553年间，他又征服了意大利。到了550年代初期，查士丁尼的军队甚至能在西班牙南部建立据点。在很大程度上，这些胜利恢复了帝国在地中海中部和西部的政治、意识形态和军事统治（见地图3）。

然而，从540年代开始，查士丁尼变得情绪低落，进取心和自信心远不如此前十四年。其中有许多原因。首先，尽管他对波斯采取强势态度，萨珊王朝的军队仍然有能力攻破帝国的东部防御工事。540年，波斯国王霍斯劳一世成功绕开美索不达米亚的防御工事，将安提俄克洗劫一空。这一事件给史学家普罗柯比留下了深刻印象。当他试图记录这场灾难时，他“觉得头晕目眩”。

其次，在550年代后期，有一个强大的游牧民族为了逃离欧亚大草原上的政治矛盾和军事冲突，迁移到多瑙河以北，从而削弱了帝国对于巴尔干半岛的控制。由于西突厥帝国的势力向高加索北部和黑海地区扩张，阿瓦尔人被迫向西迁移，来到了多瑙河流域。起初，查士丁尼成功地将阿瓦尔人纳入他的部落政策，但他们的到来预示着未来的冲突。

或许更关键的因素是，查士丁尼推行的内政、财政和宗教政策开始动摇。教会内部意识到，关于卡尔西顿大公会议的争论可以说无法解决。553年，在君士坦丁堡第二次大公会议上，神学家勉强拿出一个方案，这个方案本应解决各方共同关心的问题。然而，到了这一阶段，关于卡尔西顿大公会议的争论已经在与会者的头脑中根深蒂固，很少有人还想在教会内部恢复和平。 48

49

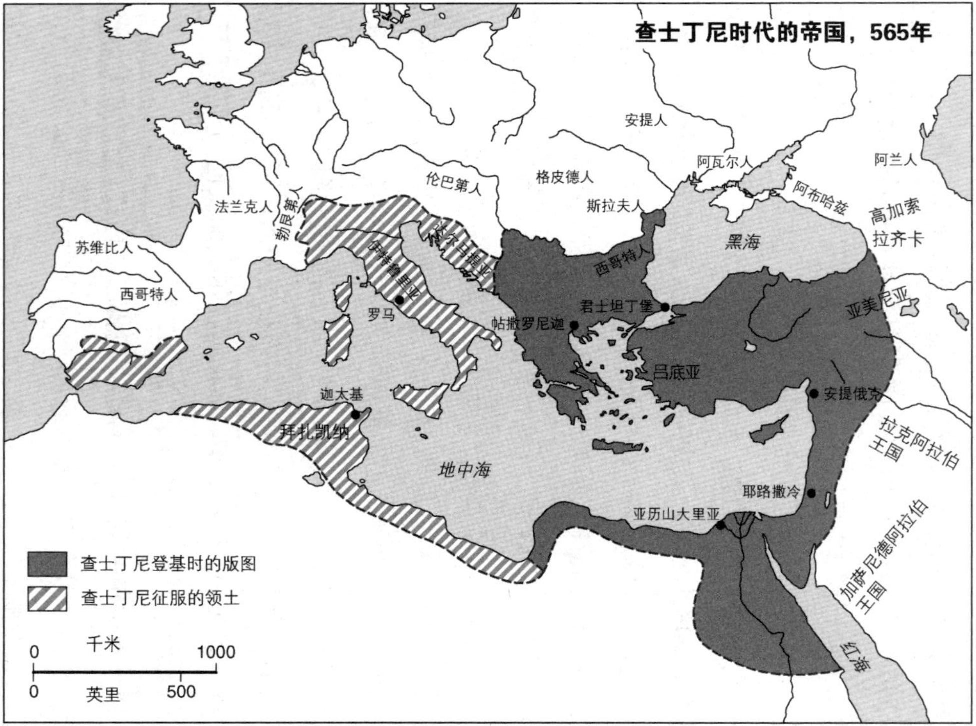

地图3　查士丁尼时代的帝国（565年）

但最重要的是，正如我们在第二章中所看到的，在540年代，随着腺鼠疫逐渐扩散，帝国受到了沉重的打击。这次腺鼠疫源于中非，541年首次通过红海到达帝国。疫情很快从埃及发展到君士坦丁堡、巴勒斯坦、叙利亚、小亚细亚、巴尔干、北非和意大利。帝国的城市和农村腹地都受到疾病的严重影响，在初次重创之后，还有过多次复发。帝国人口可能减少了三分之一。这不仅意味着民众要遭受许多苦难，而且大幅度减少了国家迫切需要的纳税人的数量。这反过来又导致了行政瘫痪，查士丁尼推行的行省改革不得不停止，甚至退回原先的管理模式。

565年，查士丁尼去世。宫廷诗人科里普斯这样写道："他的逝世产生了惊人的影响，这清楚地表明他已经征服了世界。在众人的悲叹声中，他那虔诚的面容似乎流露出独有的欣喜。"随后的历任皇帝不可能忘记查士丁尼（见图4），正如中世纪的君士坦丁堡少不了他下令建造的纪念性建筑。不过，查士丁尼虽然制定了宏伟蓝图，但他的设想最终没能实现。他给继任者查士丁二世（565—574）留下了一个版图更大的帝国，但是很明显，这个帝国比之前更加脆弱，财政也不稳定。

希拉克略与神圣战争

在很大程度上，不稳定的财政收入削弱了查士丁尼之后的几位皇帝的统治，导致他们无法满足日益紧迫的军事需要。查士丁二世在登基时宣布，他"发现国库背负许多债务，已完全耗尽"。因此，皇帝不愿意继续提供补助，或者说，已经无能为力。此前，帝国正是靠着这些补助在阿拉伯北部得到盟友的支持，后来又在巴尔干地区拉拢了阿瓦尔人。 50

51 图4 意大利拉文纳市圣维塔莱教堂的查士丁尼皇帝镶嵌画（6世纪）

阿瓦尔人在多瑙河以北地区确立了统治地位，这使得查士丁尼“分而治之”的政策失去了应有效果。斯拉夫人和伦巴第人都试图摆脱阿瓦尔人的控制，他们分别进入巴尔干半岛和意大利。568年至572年间，意大利北部的大部分地区落入伦巴第人手中。在580年代，巴尔干地区从帖撒罗尼迦到雅典的一些城市遭受了阿瓦尔人和斯拉夫人的多次袭击，阿瓦尔人集中在北部平原，斯拉夫人则利用山区高地和森林覆盖的优势，向更远的南方进攻并定居下来。随着军事压力不断增加，帝国的财政危机加剧。588年，军饷削减了25%，导致东部边境发生大规模兵变。

602年，帝国军队在多瑙河以北地区对抗斯拉夫人。莫里斯皇帝（581—602）命令军队继续战斗到冬天。由于削减军饷，皇帝在军中已经失去人心，在一位名叫福卡斯的军官领导下，多瑙河地区的军队公开叛乱。他们向君士坦丁堡进军，杀死莫里斯及其家人，并将福卡斯推上皇位。这是自君士坦丁之后，第一次取得成功的军事政变。

随着莫里斯的垮台和福卡斯（602—610）的上位，帝国经历了一场持续多年的内战。波斯国王霍斯劳二世抓住这个机会，攻入高加索和叙利亚的腹地，占领了帝国的大片领土。到610年，波斯军队已到达幼发拉底河。到611年，他们进入安纳托利亚。拜占庭内部的政治动荡促成了波斯帝国上述戏剧性的胜利。610年，非洲总督的儿子希拉克略率领舰队来到首都，意图 52
推翻福卡斯。皇帝的支持者很快就抛弃了他，希拉克略（610—641）于是成为新的皇帝。

波斯人抓住这个机会，彻底征服了叙利亚和巴勒斯坦。613年，大马士革沦陷。614年，波斯军队攻入耶路撒冷。在一场大规模的屠杀中，真十字架的残片被收缴并送往波斯。615年，吓破胆的君士坦丁堡元老院愿意求和。一个高级使团前去觐见霍斯劳二世，他们称后者为“至尊皇帝”，并且将希拉克略称为后者“忠诚的儿子，一切事务随时听候差遣”。元老院承认，波斯帝国的地位高于罗马帝国，波斯国王是罗马皇帝的庇护人。霍斯劳二世的回答直截了当。整个使团都被处决，没有仁慈可言。波斯帝国决心消灭它的老对手。

波斯人向埃及发起攻击。619年，亚历山大里亚沦陷，不到一年，整个行省几乎都落入波斯人手中。接下来，波斯人要做的事就是攻入安纳托利亚，然后前往君士坦丁堡。波斯人正在对拜占庭帝国剩余的领土施加无情的压力。希拉克略面临着严峻的选择：要么等待波斯人加强控制，然后被动防御；要么大胆出击，与敌人正面决战。希拉克略选择了后者。

615年至622年间，希拉克略制定了一系列措施来应对危机，旨在最大限度地利用他手中的资源。官员工资和军饷减半，政府机构推行改革。教会的金饰和银盘都被收走，城市的财富
53 也被榨干。这些资金被集中起来，用来与西部的阿瓦尔人达成和平协议，并争取外高加索地区和被占领地区的基督教民众的支持。教会也利用宗教宣传来帮忙，他们强调耶路撒冷沦陷后的恐怖屠戮，并利用了当时民众普遍相信的末日论。与此同时，皇帝开始组织一支训练有素的步兵部队，这些军人精通游击战，并且是狂热的宗教信徒。由此，基督教对抗波斯异教徒的“神圣战争”概念正式形成。

如果在开阔地带与占据优势的波斯军队交战，没有任何获胜希望。希拉克略意识到，最大的希望是率军北上，到达高加索

高地。在那里，他可以请求当地的基督教公国增援，并且那里的地形有利于小型的、高度机动的军队，他们有可能凭借战术击败人数占优的敌人。

624年，希拉克略离开君士坦丁堡。罗马军队沿着幼发拉底河一路向北，进入波斯控制下的亚美尼亚，沿途破坏了许多城市，并摧毁了位于塔赫特苏莱曼的琐罗亚斯德教的火神庙，以此报复波斯人屠杀耶路撒冷基督徒的行为。此后不久，希拉克略向当地的基督教贵族发出召唤，同时派遣使团，联系高加索北部的突厥人，试图与强大的草原势力协商结盟。

波斯人多次想把希拉克略困在高加索山脉，但没能成功。626年，波斯人试图联合阿瓦尔人向君士坦丁堡发动攻击，引诱他出来。然而，正如第二章所提到的，阿瓦尔人失败了（据说是由于圣母玛利亚对这座城市的庇护）。而且，希拉克略也没有上当，而是继续在高加索地区寻找盟友。 54

希拉克略决定与突厥人结盟。627年，罗马和突厥联合军队攻入高加索与里海之间的区域，摧毁了波斯北部的防御工事，接着又向南挺进，来到波斯腹地的扎格罗斯山脉。突厥人随后返回北方，但希拉克略继续推进，来到波斯帝国的首都泰西封。他仿效霍斯劳二世在小亚细亚采取的“焦土”战术，将泰西封周围的富裕庄园和城镇都夷为平地。

在泰西封的军队和宫廷内部，恐慌开始蔓延。628年3月24日，希拉克略得到消息，说霍斯劳二世在政变中被废黜，并且已经死亡。在随后的谈判中，波斯方面答应将真十字架送回耶路撒冷，并且恢复罗马帝国对近东地区的控制。派往君士坦丁堡报喜的使者这样说道：“上帝的敌人、傲慢的霍斯劳已经灭亡。

他倒在地上，埋在地下深处，关于他的记忆已彻底抹去。”

重建与崩溃

东罗马帝国就这样恢复了，至少在某种程度上得到了恢复。比如，帝国把力量集中在东部，导致其在巴尔干半岛的地位进一步削弱。虽然在626年战败后，阿瓦尔人的军事联盟已不复存在，但是越来越多的斯拉夫人来到巴尔干半岛，他们的定居点先是在高地，后来又拓展到低地。

战争开支耗尽了安纳托利亚和小亚细亚地区的城市财富。在波斯人的进攻下，许多城市毁于战乱。在叙利亚、巴勒斯坦和埃及，帝国在很大程度上对于这些地区只有名义上的控制。长期以来的行政管理模式已被推翻，需要花时间才能恢复。然而，
55 在恢复之前，帝国必须先应对新的挑战，它与阿拉伯帝国之间有着漫长的边境，并且防御能力非常弱。

罗马帝国和波斯帝国在6世纪和7世纪初期的冲突，迫使它们在军事和外交方面都必须与南方的阿拉伯部落打交道。两大帝国的介入引发了阿拉伯社会的内部动荡，一些历史学家称之为“本土主义反抗”。阿拉伯部落联合起来反对外部势力干涉，同时某些适当的信条和思想也被引入阿拉伯社会，在这个过程中形成了一种自发的宗教和政治认同。

比如，基督教传教士和犹太人告诉阿拉伯人，他们是以实玛利的后裔。根据《圣经》记载，以实玛利是先知亚伯拉罕的长子，但是被亚伯拉罕赶出了家门，最后被迫进入沙漠生活。另外他们还得知，世界正处于末日，神圣的审判即将来临。这些思想，以及更为异端的其他思想，在阿拉伯人当中不断融合。历史

发展将证明，这里是培育新的信仰体系和新的政治派别的沃土。

在620年代，阿拉伯部落在一位宗教领袖的率领下团结起来，这个来自麦加的领袖就是穆罕默德（“圣者”）。他宣扬严格的一神论教义，他的思想深受当时基督教末日思潮的影响，同时也受到当地犹太人的救世主信仰的强烈影响。

他声称，神圣的审判确实迫在眉睫，所有人都要服从真神的旨意。尤其是，所有阿拉伯人都要抛开他们继承的宗教传统和政治对抗，接受新的信仰。作为回报，穆罕默德宣称，作为亚伯拉罕长子以实玛利的后裔，上帝将给予阿拉伯人对圣地的永久 56
控制权，因为这是他对亚伯拉罕和他的后裔的许诺。或许是受到希拉克略与霍斯劳二世所使用的宣传策略的影响，穆罕默德也声称，要以神圣战争为手段，实现回归圣地的目的。

据说穆罕默德于632年左右去世，但他的信条得以一直延续下去，他建立的信徒团体（被称为“乌玛”）迅速填补了阿拉伯北部、叙利亚南部和伊拉克南部的权力真空，因为两大帝国在这些地区的控制力严重削弱，在阿拉伯部落内的势力也不复存在。

从633年或634年开始，罗马帝国控制下的巴勒斯坦地区遭到野蛮的阿拉伯人多次入侵，他们屠杀农村人口，并且攻击城镇。虽然阿拉伯军队规模很小，但是帝国当局显然没有能力进行有效的抵抗。关于阿拉伯人的确切情报很有限，而且阿拉伯军队的迅速推进使帝国部队来不及重新部署。

面对这样的局面，外约旦、巴勒斯坦和叙利亚的一些城市干脆投降：大约在635年年底，阿拉伯人占领了耶路撒冷（也有许多人认为实际占领时间要晚于635年），而在636年，他们又在约旦北部的亚尔木克河附近击败了一支大规模的罗马军队，这是一次决定性的胜利。此后，随着罗马军队一路败退，阿拉伯人追击到埃及，并且迅速征服沿途地区。罗马帝国反应软弱，导致入侵者向更远的地方发动进攻，波斯人很快就受到阿拉伯人的冲击。到656年，波斯帝国已不复存在。

只有当他们被迫返回安纳托利亚和小亚细亚时，东罗马帝国的指挥官才勉强能够阻止敌人继续前进。7世纪初的内乱和
57 绵延多年的与波斯的战争造成了持久的破坏。641年，希拉克略去世，帝国再次崩溃。东罗马拜占庭帝国现在面临着第二次生存斗争，这场危机贯穿了它的早期中世纪史。

古代世界的终结

伊斯兰教作为一种宗教，阿拉伯人作为一个民族，它们本身就是古代晚期的产物，特别是东罗马帝国和波斯帝国日益激烈的竞争在阿拉伯北部地区造就的政治和宗教格局的产物。然而，7世纪初的阿拉伯人将东罗马帝国和波斯帝国的政治影响力一扫而空，有效地摧毁了古代世界。

在640年代，东罗马帝国的政治、军事和人口实力均大幅削弱（导致人口骤降的原因是反复发作的腺鼠疫），整个帝国陷入困境。哪怕在新兴的伊斯兰帝国内部爆发了两次流血冲突和内战，君士坦斯二世（641—668）和查士丁尼二世（685—695和705—711）也无力抓住机会来驱逐敌人。然而，与波斯帝国不同的是，拜占庭帝国最终幸存下来，而这在很大程度上得益于其卓越的治国之道。

查士丁尼和希拉克略的统治已经表明，东罗马帝国在政治和文化方面具有相当大的创造力。比如，查士丁尼的法律改革

和干预有助于发展和形成基督教的正统教义，有效地改造帝国的行政机构，并且打破了民众与教会之间的隔阂。就其目的而言，他领导的是一个与宗教信仰密切关联的国家，宗教和政治身份融为一体。希拉克略提出的“神圣战争”修辞将这一点提升到了更高层次，从而对现实产生了更大影响。 58

比如，正是在希拉克略的统治下，在他的手下精心制作的宣传中，君士坦丁堡第一次被视为新耶路撒冷，帝国虔诚的公民则是新以色列人。皇帝用希腊语称自己为“巴西琉斯”，希腊语《圣经》中用这个词来称呼《旧约》中的国王。与此同时，希拉克略在位期间，拜占庭帝国在军事和战略思维方面表现出非凡的创造力和胆识，他们对波斯人采取游击战术，并且与欧亚草原西部地区占主导地位的游牧民族结盟，从而实现了帝国生存所需的“大战略”。

7世纪和8世纪，在希拉克略的继任者统治时期，这种创造力变得更加突出，此前兴起的趋势成为定局。比如，在查士丁尼二世推动的官方宣传中，拜占庭即新以色列的说法被当作重点。他还下令铸造金币，上面刻有“万王之王”耶稣基督的头像（见图5）。由此不难看出，在他统治时期，罗马人和基督教这两种身份的融合得到了强有力的表达。

值得一提的是，这个阶段的多位皇帝推行了针对行政体制的根本性变革：罗马帝国晚期的一些国家机构，比如东部的近卫直辖区，原本是帝国高度依赖的，现在被彻底放弃。同样废除的还有旧罗马军队的军团制及其相应的供给制度。作为替代，军队按照新的单位来划分，通常称之为“军区”。军人的收入包括两部分：一部分是现金工资，另一部分是军人家属可以耕种的军

图5 查士丁尼二世铸造的金币，头像是“万王之王”耶稣基督（7世纪晚期）

垦土地。作为报酬的一部分，军人可以把这些土地转让给继承人。皇帝由此利用新兴的农兵阶层的经济利益来确保国家的生存。

旧的行省制也被废除，帝国按照新的分区重新划分，每个分
59 区用于防御某个特定的敌人。最终，这些新的区域单位被称为“军区”，所有的民事和军事管理都交给军区长官或指挥官。拜占庭政府的军事化与军区长官在特定的城市驻防有关，这些城市后来被称为“卡斯特拉”，意思是“军营”。

军区长官由皇帝和宫廷直接管辖，并接受皇帝派来的行政官员的定期视察，这些代表是皇帝在各行省的耳目。因此，在7世纪末和8世纪，拜占庭帝国的核心领土可能是在中国以西各国
60 中管控最为严格的地区（见地图4）。

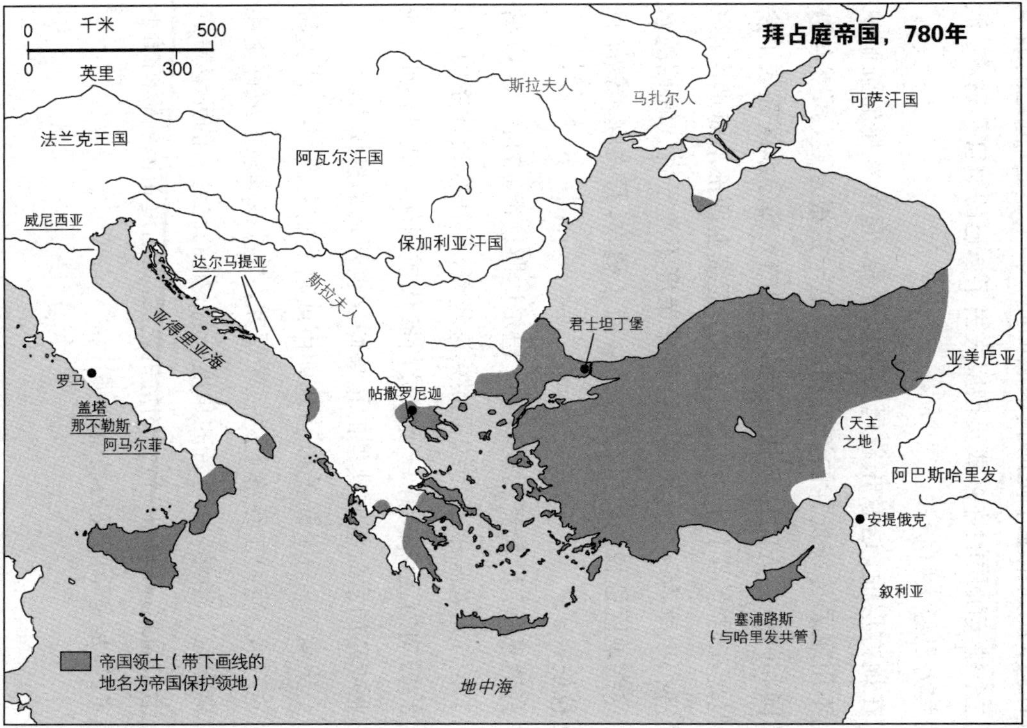

地图4　拜占庭帝国（780年）

61

在一定程度上，拜占庭的治国之道受到了社会进程的影响。如我们所见，君士坦丁时代形成的贵族阶层一直掌控着帝国的地方社会，直到查士丁尼时代依然如此。然而，在7世纪的战争中，这个精英阶层的许多成员彻底失去了自己的财富和财产，他们的实力已经大打折扣。

在地方层面，这意味着现在可以征税，皇帝意愿的强制执行也不用顾忌传统贵族的切身利益。这一点很重要，虽然与波斯帝国和阿拉伯人的连年战争导致帝国的大部分地区都成了废墟，但是在君士坦丁堡、比提尼亚和小亚细亚西部沿海地区，当地经济得以幸存下来，其成熟度和繁荣度不亚于古代晚期的水平。这些地区征税的时机已经成熟，有了税收，拜占庭人就能抵抗阿拉伯人。

有消息称，尽管菲利皮科斯·巴尔达斯皇帝（711—713）曾在713年与元老院中的传统贵族共进晚餐，但在行政体系中，旧贵族的影响力逐渐被新一代官员所取代或同化。此外，拥有亚美尼亚或高加索血统的典型的军事硬汉也开始掌控权力。

结果就是，一个新的以宫廷朝臣或宫廷官吏为主的精英阶层开始形成，他们在经济上更依赖国家，在意识形态上或许更愿意效忠国家。当然，从皇帝的角度来看，他们比过去的元老贵族更听话。因此，在度过7世纪的危机之后，拜占庭帝国的版图缩小
62 了许多，但是皇帝的权力显著增强。

第四章

拜占庭与伊斯兰

认识敌人

到7世纪末，拜占庭当局清楚地意识到，阿拉伯人攻城略地的征服并非“昙花一现”，希拉克略倡导的“大联盟”不足以让他们退却。相反，一个新的超级大国对手已经取代了波斯，并且不断向东罗马帝国在安纳托利亚和小亚细亚地区的残余势力施压——阿拉伯人每年都会从位于叙利亚的主要军事基地发动突袭。

事实上，在654年和717年，阿拉伯人甚至试图围攻君士坦丁堡。674年，他们尝试通过海路，在小亚细亚海岸登陆后发动攻击。幸亏一名来自叙利亚的基督教难民将火药配方交给拜占庭军方的高级将领，从而借助帝国的新型秘密武器“希腊火”得以击退阿拉伯人。

但是，拜占庭人如何看待他们的新对手呢？在7世纪阿拉伯崛起的初始阶段，乌玛军队中不仅有受穆罕默德传教影响而

信奉一神论的阿拉伯部落成员，而且有一定数量的信奉基督教
63 的阿拉伯人和北阿拉伯犹太人。因此，阿拉伯军队的宗教性质
很难归类或识别。另外，伊斯兰教本身尚处于发展初期，还没有将其自身与基督教和犹太教区分开来，这两大宗教在当时也被称为“亚伯拉罕”的宗教。这样一来，情况就变得更加复杂。

当时有些人认为，穆斯林本质上是犹太人（这种假设并非毫无道理，因为他们声称自己是按照摩西律法敬拜《旧约》中的上帝，同时也否认基督的神性）。另一些人，比如8世纪东正教神学家大马士革的圣约翰认为，伊斯兰教源自基督教的异端派系。同样，这种看法也相当合理，因为《古兰经》在一系列问题上所采取的立场，与当时的异端见解和诺斯替教派的思想颇为相似。比如，否认耶稣的神性和受难，但与此同时，又非常尊重玛利亚，并且承认圣母童贞生子。因此，从拜占庭的视角来看，伊斯兰教似乎是基督教的衍生派系。

拜占庭人很早就注意到伊斯兰教，他们把穆罕默德所宣扬的立场（出于宗教目的，可以采取暴力手段）当作后者的基本特点。这或许带有讽刺意味，因为就在伊斯兰教提出圣战思想并且承诺牺牲者将直升天堂的同时，希拉克略也在发动抗击异教徒波斯人的神圣战争。但是，直到中世纪末，拜占庭对伊斯兰教的看法基本保持一致：穆罕默德提出的教义并非原创，也不够新颖，除了他支持采用暴力手段。正如拜占庭皇帝曼努埃尔二世（1391—1425）所说：“不妨看看穆罕默德带来了哪些新的思想，你
64 会发现只有不宽容的内容，比如他要求用武力去传播他的信仰。”

然而，随着穆斯林在近东和中东地区取得统治并巩固政权，新宗教的轮廓开始变得更加清晰。倭马亚王朝的哈里发在这一

过程中发挥了关键作用，他们从7世纪末到8世纪中叶统治整个伊斯兰帝国。他们坐镇位于大马士革的宫廷，亲自指挥圣战，向君士坦丁堡发起攻击。与此同时，他们还主持基督教、犹太教和穆斯林学者之间的公开辩论，以赋予信仰更广泛的定义。他们还建造了大马士革的大清真寺和耶路撒冷的圆顶清真寺等宏伟的建筑，并在自己铸造的金币上刻上了穆罕默德的名字，甚至可能还刻有穆罕默德的头像。在他们统治的原罗马帝国的领土范围内，这些金币取代了此前流通的真正的或仿造的拜占庭金币。这样一来，他们的宗教受到了公众的广泛关注。

作为对伊斯兰货币改革的回应，如第三章所述，查士丁尼二世开始铸造带有“万王之王”基督头像的金币。在大马士革，在位的哈里发阿卜杜勒·麦利克借鉴犹太人过去对基督教习俗的批评，谴责基督教尊崇宗教形象的做法（以及皇帝新铸造的货币）是偶像崇拜，这违反了“十诫”中的第二条，即不得敬拜“雕刻的偶像”。这是哈里发首次明确反对将宗教形象作为伊斯兰信仰的根基。引人注目的是，从那时起，历任哈里发铸造的所有硬币在设计上完全摒弃了人物形象。

竞争与模仿

7世纪末，由宗教形象引发的争议成为拜占庭与伊斯兰两大帝国对抗的缩影。这场争论值得关注，因为它表明，从那时起，为了控制近东地区而展开的斗争主要发生在意识形态层面。双
方争夺的对象是《旧约》所构建的象征性宇宙，拜占庭皇帝和伊 65
斯兰哈里发都认为，关于这个宇宙，他们的解释才是正确的。

与此同时，新的阿拉伯统治者侵占了罗马帝国的思想遗产

和建筑遗产，并且化为己有。比如，耶路撒冷的圆顶清真寺让人立即联想到当时拜占庭的建筑样式，而大马士革的大清真寺则是按照罗马帝国的建筑原则施工建造，并用精美的马赛克作为装饰，这些马赛克的原材料是君士坦丁堡赠送的外交礼物。此外，阿卜杜勒·麦利克和他的继承人声称自己是真主的代表，这实际上借鉴了罗马和拜占庭皇帝长期以来为了巩固自身权威而提出的主张。

然而，模仿也会产生反作用。正如我们所看到的，从690年代起，大马士革的哈里发谴责基督徒崇拜基督、圣母玛利亚和圣徒的形象或“偶像”，认为这种做法属于偶像崇拜，违反了“十诫”的第二条。有迹象表明，哈里发叶齐德二世（720—724）进一步推行这一政策，下令在穆斯林统治地区的基督教礼拜场所内销毁这类形象，并且重新粉刷教堂。值得注意的是，拜占庭在8世纪早期面临着日益严重的军事危机和政治危机，许多人认为这是帝国失去神宠的证据。虽然阿拉伯人对君士坦丁堡的围攻在717年至718年被击退，但是随着锡拉岛发生毁灭性的火山爆发，这种感觉在726年变得更加强烈。

帝国为何会失去神的恩宠？早期的拜占庭人会归咎于基督教的异端思想，但此时帝国教会遵循的教义是6世纪时查士丁
66 尼皇帝所定。从8世纪的观点来看，查士丁尼是一位非常成功的统治者，他的正统思想无可非议。此外，大多数反对官方教义的人都生活在穆斯林统治下的叙利亚和埃及地区，处于囚禁状态——很显然，他们也没有得到神的支持。宫廷、教会和军方的某些人则认为，或许穆斯林的看法有一定道理，惹恼神明的原因正是基督教的偶像崇拜。

727年，这种看法似乎得到了印证。当时，一支横冲直撞的阿拉伯军队没能攻克尼西亚城。这座城市地位非凡，因为325年君士坦丁在这里召开了第一次大公会议。据称，在阿拉伯人围城过程中，一名拜占庭士兵（他的名字也叫君士坦丁）曾向圣母像投掷石块，并且踩踏圣母像。因此，一些人认为，靠着君士坦丁的佑护（这一点我们后来才得知，而且叙述者持敌视态度，言辞含糊），这座城市才逃过一劫。

没过多久，利奥三世（717—741）颁布了一项法令，宣布“制作圣像属于偶像崇拜：不得崇拜圣像”。有趣的是，批评者斥责利奥的做法（他已经迫使犹太人接受洗礼，希望重新赢得神的青睐），认为他的想法“跟阿拉伯人一样”。随后，利奥的儿子兼继承人君士坦丁五世（741—775）采取了更为强硬的手段。他于754年在海尔里亚召开大公会议，试图在神学信条中找到依据，来支持利奥三世的令旨。因此，他发起了一场针对圣像的斗争，拜占庭教会后来称之为“毁坏圣像运动”。

参与这场斗争的人并没有多少神学理论可供利用。我们可以肯定的是，从教会初期开始，宗教形象就在基督教中发挥着一定作用。比如，在叙利亚的杜拉欧罗普斯地区出土的早期基 67
督教教堂以及在罗马的地下墓穴中，圣像的存在都得到了印证。然而，从6世纪开始，圣像在帝国的公共宗教活动中扮演着越来越重要的角色。在皇家仪式期间，民众举着圣像在街上游行。甚至在战争期间，士兵也会带上圣像，企盼神明佑护。

但在“民间宗教”的层面上，圣像崇拜已经是既定事实。而且很明显，早期使用圣像的做法几乎没有招致任何基督教信徒的批评，尤其是那些用希腊语写作的人，他们显然没有把圣像当作问题。无论是反对圣像的人（“圣像破坏者”），还是支持圣像的人（“圣像崇拜者”），都没有太多现成的神学文献作为依据。因此，在当天会议结束时，圣像破坏者只能援引“十诫”的第二条规定，而圣像崇拜者基本上就是要求坚持教会现有的传统。

可以说，在政治上推动“毁坏圣像运动”的几位皇帝（利奥三世，尤其是君士坦丁五世）都在军事上取得了成功。因此，军队方面强烈支持他们的决定。比如，在787年，教会原本打算召集一次大公会议，取消“毁坏圣像运动”。但最后因为士兵的抗议，他们不得不放弃这个计划，这些士兵在精神和信仰方面依然忠于君士坦丁五世。

直到8世纪末和9世纪初，军事胜利与毁坏圣像之间的联系才开始瓦解，圣像崇拜得以正式恢复。843年，支持圣像的一方取得了所谓的“正统观念的胜利”，因为毁坏圣像的政策被正式废除，此后再也没有施行。虽然这一时期毁坏圣像的实际规模
68 和程度可能被夸大了，但是双方就圣像在礼拜仪式中的地位所展开的激烈辩论，给拜占庭的宗教和艺术传统留下了深刻的烙印（我们将在第六章中再次分析这一点）。

然而，需要记住的是，引起这场辩论的最初原因是拜占庭与伊斯兰之间的紧张局势。“毁坏圣像运动”表明，拜占庭从8世纪至10世纪的发展和演变，首先是出于遏制和应对伊斯兰敌人的迫切需要。

边境社会

在这一时期的大部分时间里，拜占庭人对阿拉伯人作战靠的是防御。到7世纪末，随着阿拉伯人在高加索地区建立起有效

控制，拜占庭人无法继续阻止对手的大规模入侵。特别是在控制亚美尼亚之后，阿拉伯人掌握了至关重要的东西方通道，由此他们可以自由进入安纳托利亚高原。拜占庭人不得不重新采用希拉克略对抗波斯人时最先采用的游击战策略。

拜占庭和伊斯兰之间的东部边境以山地为主。只有小亚细亚地区柔软低洼的腹地容易被阿拉伯人利用，从位于塔尔苏斯的根据地发动突袭。其余地区是连绵的山脉，从亚美尼亚的火山高地向南延伸，把安纳托利亚起伏的平原和幼发拉底河沿岸被阿拉伯人控制的繁荣城市分隔开来。这片山地海拔4 000多米，而这一带大部分地区的海拔在150米到2 000米之间。 69

因此，控制穿越这些山脉的通道是首要的军事任务。拜占庭人意识到，只需要部署少量军队就可以做到这一点。因此，他们设立山地关隘，加强防御，试图伏击入侵的敌人。不过，拜占庭人后来意识到，等到阿拉伯人从帝国领土返回时，在途中伏击他们，要比从一开始就阻止他们入侵容易得多。因为在返程时对手满载战利品，还带着俘虏，行动不便。

山地两侧都是平原。夏季干旱多尘，冬季严寒难耐，这意味着适合作战的时间基本上只限于春季。相对短暂的作战时间意味着阿拉伯军队主要由轻骑兵组成，拜占庭人试图用大部分由当地人组成的军区步兵来遏制轻骑兵。在阿拉伯军队入侵期间，平民被疏散到多个山寨和空间宽敞的地下堡垒。因此，尼基弗鲁斯二世（963—969）在《论小规模战斗》一文中提出，应该“彻底疏散该地区居民，并为居住在高山上的居民和他们的羊群寻找避难所”。同样，10世纪的阿拉伯诗人穆塔纳比形容拜占庭平民“躲在岩石缝隙和洞穴中，就像藏在地里的蛇一样”。

阿拉伯人袭击的规模可能很大。在8世纪和9世纪，哈里发哈伦·拉希德可以利用整个穆斯林世界的资源，带着多达十万人的军队入侵拜占庭。此时，整个拜占庭可能也只有那么多军队。对拜占庭人来说，在这一时期，能够召集两万人参加一次战役已经非常难得。因此，他们不可能直接对抗团结一致的伊斯
70 兰世界。相反，帝国不得不进行一场旷日持久的消耗战，直到伊斯兰世界出现内部分裂。

然而，边境地区并不是一个只有敌方军队在作战季节才会进入的封闭世界。即使在7世纪和8世纪，也有相当数量的贸易往来会跨越边境。当然，我们目前所掌握的证据可以确认，在拜占庭和阿拉伯当局监管下的高层交往依然频繁。

在7世纪末查士丁尼二世铸造带有基督形象的帝国金币之前，拜占庭政府一直向阿拉伯边境地区提供金币和用于铸造低面额钱币的青铜。作为回报，根据伊斯兰方面的说法，穆斯林从埃及向拜占庭人供应纸莎草。在10世纪，正如我们所看到的，阿拉伯商人（尤其是纺织业的商人）一直居住在君士坦丁堡，拜占庭和阿拉伯之间的大量贸易也一直在进行（尽管主要是由亚美尼亚中间商经办），交易地点是位于特拉布宗的黑海贸易站。

除了这种“高层”且受到监管的交易之外，还有在边境社会基层发展起来的自主交易模式。如前所述，边境并非密不透风的区域，它是由受影响的控制区而不是分散的小块领土组成的。鉴于边境地区的性质，尽管双方在宗教信仰和战争经验方面存在差异，但拜占庭控制区和穆斯林控制区的居民（其中许多人仍然是基督徒）形成互惠关系也是很自然的。

尤其是，阿拉伯人控制的城市在商业上取得了巨大繁荣，

对那些希望出售商品或寻求就业的人来说，这些城市具有极大的吸引力。比如，根据阿拉伯历史学家伊本·艾西尔的记载，在 71
928年，有大约700名拜占庭人和亚美尼亚人带着鹤嘴锄来到阿拉伯人控制的城市梅利特，寻求工作机会。这些“工人”最终被揭穿，他们实际上是伪装的拜占庭士兵。不过，这则逸事更值得关注的地方在于，拜占庭方面认为以劳工身份作为掩护能令人信服，这意味着当时确实存在此类人员流动。

到10世纪，拜占庭东部边境已经被军事贵族控制，这些贵族往往是亚美尼亚人和高加索人，甚至是信奉基督教的阿拉伯人，他们领导当地人对抗侵略者。在文化和习俗方面，这些贵族与生活在敌占区的亚美尼亚人、库尔德人和穆斯林阿拉伯人有许多共同点。比如，在建筑风格上，拜占庭卡帕多西亚地区精英阶层的住宅，与阿拉伯统治的叙利亚北部精英阶层的住宅颇为相似。这些精英家族有能力建立跨境联盟。比如根据记载，一些阿拉伯军阀叛逃到拜占庭。同样，在979年，东部贵族巴尔达斯·斯科莱鲁没能推翻巴西尔二世的统治，只好叛逃到阿拉伯帝国。

此外，还有一个跨越边境地区的新娘市场。因此，拜占庭英雄史诗中生活在东部边境地区的神话英雄狄吉尼斯·阿克里特其实是个混血儿，一半罗马人血统，一半阿拉伯人血统（他的名字的字面意思是“半种姓”或“双重血统”）。因此，把文学叙事和考古证据相结合，不难发现一个相对流动的边境社会已经形成，其特点是，强大的经济关系和个人关系超越了政治和宗教方面的分歧。

战争的变化

倭马亚王朝的哈里发阿卜杜勒·麦利克坐镇首都大马士

革，高效管理着这个“圣战国家”，重点是积极开展对拜占庭的
72 战争。然而，在8世纪中叶，哈里发的统治被一场内战彻底破坏，倭马亚王朝就此终结，取而代之的是新的王朝——阿巴斯王朝。阿巴斯王朝主要向东方寻求原先波斯帝国领土的支持，那里皈依伊斯兰教的速度最快。之前，倭马亚王朝曾决定向穆斯林皈依者征税（原本只有信仰基督教、犹太教和琐罗亚斯德教的人才需要交这笔税），一度导致当地的紧张局势升级。

因此，阿巴斯人选择的统治中心不是叙利亚，而是伊拉克，在地理位置上更接近他们的支持者。阿巴斯王朝的历任哈里发坐镇位于巴格达的新首都，势力范围东至阿富汗和印度，北至高加索、里海和大草原。他们离西边的拜占庭距离更远。因此，对君士坦丁堡的圣战不再是哈里发政权的优先考虑，拜占庭东部边境的压力逐渐减轻。

此外，8世纪中叶的阿巴斯革命，也引发了伊斯兰世界更大范围的分裂。北非和西班牙（在7世纪末和8世纪初被征服）仍然忠于倭马亚皇室成员，在埃及和其他地方则出现了独立的政权。在这些地方，民众不断皈依伊斯兰教，使得统治者和被统治者之间相互认同的程度越来越高，从而催生了更注重地区利益的新的权力集团。这些权力集团的独立程度越来越高，对于远方的哈里发政权仅仅保持着表面的顺从。

9世纪末，在阿巴斯王朝的核心地带伊拉克，如果再爆发一场争夺权力的恶战，这个政权实际上就会从内部被掏空。这意味着，从那时起，拜占庭不再需要在东部边境与统一的伊斯兰敌
73 人作战。相反，针对君士坦丁堡的圣战领导权逐渐转移到边境指挥官手中，比如阿勒颇的军方将领。尽管来自整个穆斯林世

界的志愿者继续拥向叙利亚北部，参与对抗异教徒的战争，但这些指挥官能够调度的军队比过去庞大的哈里发军队要小得多。因此，由于伊斯兰世界不断分裂，拜占庭方面重新占据了优势。

在下令毁坏圣像的君士坦丁五世统治时期，拜占庭东部边境的军事局势相对稳定（在一定程度上，这也是君士坦丁五世被认为取得军事成功的原因之一）。东罗马帝国当局首先利用东部边境压力减轻的机会来推进内部改革，并重新取得对希腊本土和巴尔干半岛南部地区的控制权（见第五章）。

与此同时，新的军事环境使拜占庭不仅有机会遏制7世纪产生的危机，而且能够克服危机，继续发展。由于摆脱了几乎每年一次的军事攻击，城市经济和农业经济有了恢复活力的迹象。从君士坦丁五世统治时期开始，腺鼠疫的逐渐消退也使人口数量再次回升。

军区将领坐镇指挥的地方——严密设防的军事堡垒——逐渐变成了热闹的集市，这有助于刺激周边农村的农业生产和手工劳动，从而在更大范围内提升经济活动的货币化水平。以前，士兵每三四年才从皇帝那里获得一次现金奖励；现在，他们每年
都能获得现金报酬。这进一步促进了经济增长，并使帝国一度 74
失去而饱受战乱之苦的地区开始恢复到古代晚期的发达水平。

从9世纪末开始，拜占庭经济变得日益复杂，这一点在行政和军事领域尤为明显。省级军区的数量有所增加，使得行政管理变得更加严格。有证据表明，在这些军区内部重新确立了民事行政官的权威。最初在为军队生存而进行的激烈斗争中建立起来的行政管理体制，现在正逐渐稳定下来而成为一种更常规的方式，不再需要外部危机来驱动。安纳托利亚西部和小亚细

亚大部分地区的防御游击战，对于宏观军事形势的影响越来越小，这些地区的军队逐渐转为“本土防御”，成为驻守当地的民兵，或许只有定期进行的军事演习才会动员他们，这些人的作战经验也在减少。

到9世纪末，伊斯兰世界的军事冲突和政治分裂，使得拜占庭皇帝可以认真考虑主动进攻，收复那些在希拉克略及其王朝治下最后一次见到罗马旗帜的旧领土。像这样抢占地盘的战役，需要用到骑兵，而不是步兵。

863年，一支强大的阿拉伯军队在安纳托利亚地区哈里斯河畔的波森被击溃。这标志着拜占庭与阿拉伯之间的军事斗争进入了新的阶段——拜占庭开始主动出击。从那时起，拜占庭军队展现出更具侵略性的一面。到10世纪初，东部的贵族将领凭借他们对当地地形的了解，以及几代人积累的与阿拉伯人的交战经验，率领拜占庭军队向亚美尼亚以及西里西亚和叙利亚北
75 部的阿拉伯控制领土推进。在930年代，拜占庭将军约翰·库尔库阿斯攻占了梅利特和萨莫萨塔两座城市，并开始向幼发拉底河以外的地区发动攻击。

961年，拜占庭皇帝尼基弗鲁斯·福卡斯（他本人出身于东部的军事贵族家庭）征服了极具战略价值的克里特岛。965年，塔尔苏斯落入拜占庭手中，塞浦路斯也被吞并。969年，安提俄克和阿勒颇被征服。975年，约翰·齐米斯西斯皇帝（969—976）亲自率军进入叙利亚。到976年巴西尔二世登基时，拜占庭已经控制了这一地区。

随着格鲁吉亚（1000年）和亚美尼亚（1022年）并入帝国版图，拜占庭的影响力很快向北拓展到高加索地区。在西半球，帝

国最终消灭了保加利亚人建立的政权（1001—1018）。7世纪阿瓦尔人建立的政权崩溃后，保加利亚人统治了巴尔干地区北部，甚至威胁到靠近君士坦丁堡的色雷斯地区。1038年，拜占庭人从阿拉伯人手中夺取了西西里岛的梅西纳地区，这标志着意大利南部剩余的帝国力量得到了加强。

因此，到11世纪初，拜占庭帝国已经卷土重来，恢复了6世纪末的庞大版图和非凡实力，重新成为基督教世界最强大的国家，这一切变化令人印象深刻。他们做到这一点，靠的是渐进和蚕食的策略，逐步从阿拉伯人手中收复领土，每次攻占一座城市及其周边地区。

拜占庭的历任皇帝似乎已经意识到，他们获胜的主要原因是对手的内讧，这使他们有机会向外扩张，收复原先的帝国领土。值得注意的是，他们没有选择攻打巴格达或耶路撒冷等具
有重要地位的目标，哪怕这些城市可能触手可及。或许是因为 76
他们担心这样做会让伊斯兰世界团结起来，共同投入圣战。拜占庭人知道，一旦对手消除矛盾，他们将难以匹敌。在与伊斯兰军队持续交战几乎四个世纪之后，拜占庭帝国已经非常了解敌人，所以他们不会犯这种错误。就像所有处于劣势的拳击手一
样，拜占庭皇帝必须确保他们的攻势能够击中对手的弱点。 77

第五章

生存策略

历史与外交

拜占庭在7世纪先后遭到波斯人和阿拉伯人的攻击，面临重大困境。因此，当帝国在10世纪初克服中世纪早期的危机，并且在东西部重新确立帝国统治权时，这足以证明这一时期的治国之道行之有效、务实且富有创造力。尤其是，在快速变化的战略局势中，帝国政府迅速做出调整，并相应地改变了外交和军事的优先顺序。

帝国的这种自我调适能力早在4世纪末就已展现，当时君士坦丁堡当局发现自己面临着匈奴人的威胁。匈奴人起源于中国，从4世纪中叶开始向西迁徙，穿越欧亚草原西部（从满洲里到乌克兰西部的平原和草原地带）。他们是优秀的骑兵，擅长使用轻型复合弓，攻击力惊人。

尽管中国人很熟悉这些草原游牧民族，并且在很久以前就知道他们的惊人攻击力，但罗马帝国直到4世纪末才第一次遇到

这样的敌人。正如我们所看到的，帝国迅速与波斯谈判并达成 78
和平协议，并且大规模修建防御工事，用于保护君士坦丁堡。与此同时，他们也开始分析匈奴人，试图向他们学习。比如，他们招募雇佣兵，要求这些战士具有类似的骑兵技能，并且模仿匈奴人的射箭方式。

罗马帝国很快就发现，这些游牧帝国，比如匈奴人以及其他在6世纪至7世纪兴起的草原民族（如阿瓦尔人和突厥人），其凝聚力主要源自可汗本人的威望以及臣民对他的畏惧。6世纪的拜占庭军事手册曾建议，遇到这样的敌人，只需要和他们形成均势即可，因为他们很快就会从内部崩溃。626年，这句格言在君士坦丁堡的城墙前得到了生动的诠释，当时阿瓦尔人围城失败，直接导致可汗强征入伍的斯拉夫人哗变。

因此，从5世纪和6世纪起，拜占庭人开始意识到，帝国需要对欧亚草原西部的局势始终保持警觉。与此同时，有必要寻找盟友，共同遏制或对抗新出现的草原强国，后者可能随时发动军事攻击。因此，帝国政府采取谨慎态度，在高加索北部以及黑海附近的切尔森和克里米亚的草原地区驻扎军队，作为“监管前哨”。

正如我们所看到的，希拉克略曾向欧亚草原西部的游牧民族寻求援助，来解决波斯人造成的危机。不幸的是，到了对抗阿拉伯人的时候，曾经帮助过希拉克略的突厥盟友已经实力大减，对于帝国来说这是个极大的坏消息。尽管如此，7世纪末的历任皇帝还是小心翼翼地与可萨人结盟，后者取代了古代晚期的突
厥人，势力范围一直到达高加索北部和乌克兰东部，从而能够阻 79
止阿拉伯人穿越该地区，从大草原西部和巴尔干地区北部袭击拜占庭。直到10世纪末“罗斯人”（他们是维京人的后代）摧毁

了可萨人，才终结了拜占庭与后者的战略结盟。此后，北高加索地区逐渐接受了伊斯兰信仰。

同样，拜占庭政府也分析了蛮族在帝国西部新建立的王国，并正确地判断出它们内部并不稳定。因此，查士丁尼在袭击非洲的汪达尔人、意大利的东哥特人和西班牙的西哥特人时，选择的时机非常相似。这些蛮族王国正处于争夺王位继承权的内斗中，这类以国王为中心的社会此时最为薄弱。从8世纪至10世纪，拜占庭的统治者则通过皇室联姻来获得外交和军事方面的支持，为此他们总是把自己和家人的婚姻当作筹码。

当时，拜占庭在西部还有两大劲敌：加洛林王朝和奥托王朝，他们曾在意大利和亚得里亚海沿岸挑战拜占庭的权威。这两个王朝在政权更迭之际，同样会陷入内乱，拜占庭帝国准备再次利用这样的混乱局势。这表明，尽管拜占庭政府的许多机构在6世纪至10世纪间发生了巨大的变化，但他们保留了分析对手的传统，并用于维护帝国的军事利益和政治利益。

在君士坦丁七世（913—959）统治时期，有一部名为《帝国行政论》（或《论如何管理帝国》）的著作最能体现上述传统。这部作品的序言采用皇帝的口吻，写给他的儿子、未来的皇帝罗曼努斯二世（959—963）。君士坦丁七世宣称，这本书要向王子解释，“拜占庭以外的每个国家如何有能力造福或伤害罗马人，
80 以及如果在战场上遇到其他国家，该如何降服对方”。这本书属于文献摘录，内容源自历史记载和皇室传记、由目击者和商人撰写的供皇帝参考的关于外国列强的情报，以及在很大程度上带有传说性质的关于民族迁徙和拜占庭此前与邻国交易的信息。编撰这本书的目的主要是为了强调对帝国权威的宣示，同时搜

集涉及罗马帝国的历史资料来予以支持。

与此同时，这本书还向基督教王子介绍了有关战略要地高加索地区（即亚美尼亚和格鲁吉亚）相对最新的帝国政策，并且分析了欧亚草原西部、多瑙河流域和巴尔干地区北部的主要强国（可萨人、罗斯人、帕臣涅格人、马扎尔人和保加利亚人）。最关键的是，这本书强调他们之间可能会发生冲突，帝国可以抓住这些机会。

因此，这本书建议，

> 对保加利亚人来说，罗马帝国的皇帝更加可怕。如果帝国与帕臣涅格人保持和平的话，皇帝也可以迫使保加利亚人接受和平。因为帕臣涅格人也是保加利亚人的邻居，如果他们想发动战争的话，不管是为了私利，还是为了讨好罗马皇帝，他们可以随时挑战保加利亚人……并且击败他们。

然而，如果保加利亚人不可靠的话，这本书还提到，“可以发动乌兹人去攻击帕臣涅格人”。与以往一样，“分而治之”被认为是确保帝国生存的关键手段。

古代的遗产

拜占庭帝国在古代晚期留下的精神遗产，增强了它在外交方面的冲击力。首先，早在6世纪，帝国就已经意识到促使周边 81
国家（尤其是高加索地区）的民众接受基督教信仰具有重要意义，这些民众将追随君士坦丁堡的行动步伐。中世纪的历任皇帝并没有忘记这一点，他们齐心协力，确保塞尔维亚人和斯拉夫人首先在希腊及其周边地区定居，然后保加利亚人和罗斯人（后者的首都在基辅）接受拜占庭官方认可的基督教派系。

居住在希腊的斯拉夫人似乎是用希腊语传福音，因此在皈依过程中，他们逐渐变得希腊化（在这一过程中，帝国也重新在该地区取得控制权）。864年，对于让保加利亚“可汗”鲍里斯（他取了“米哈伊尔”的教名）接受帝国形式的基督教洗礼不得不谨慎处理，因为法兰克人同时也试图说服他接受拉丁形式的基督教，并且加入反拜占庭的法兰克同盟。拜占庭帝国的回应是，允许鲍里斯建立独立自主的保加利亚教会，自行决定牧首的人选，并接受以其臣民的主要语言（旧教会使用的斯拉夫语）进行礼拜仪式和翻译《圣经》。最先开始翻译工作的人是来自帖撒罗尼迦的一对传教士兄弟圣西里尔和美多德，他们是拜占庭帝国的宗教政策在中东欧地区进行宣传推广的合适人选。

正如我们在第二章所提到的，989年，沙皇弗拉基米尔皈依基督教。他的臣民，也就是罗斯人，被圣索菲亚大教堂的神圣仪式和雄伟建筑所震撼，他们甚至相信自己感受到上帝的存在。据说，罗斯人的领袖此前不仅考虑过皈依拉丁国家的基督教派系，还考虑过皈依犹太教或伊斯兰教。据说，他拒绝皈依后者的理由是，“喝酒是罗斯人的快乐之源”。最终，他决定皈依拜占庭的基督教派系，并将中世纪俄罗斯的版图（就像中世纪的保加利亚一样）纳入所谓的“拜占庭联邦”。有些时候，在双方缺乏直
82 接合作诱因的情况下，“联邦”概念折射出拜占庭的“软实力”和文化影响力。

罗斯人的转变提醒我们，源自古代的皇家仪式和宗教仪式有助于获得切实的政治利益。《礼典》和外国使节的文字记载，

描述了帝国当局如何操纵和安排外交场合，意在彰显皇帝的威严，并强调拜占庭相对于邻国和对手的文化优势和技术优势。

在此类外交场合中，组织者特别强调拜占庭人擅长的机械装置。比如，在10世纪，意大利外交官克雷莫纳的柳特普兰德初次见到君士坦丁七世。根据他的记载，当时皇帝的座位两旁有机械狮子在怒吼，还有人造小鸟在鸣叫。当他按照对方要求拜倒时，皇帝的座位高高升起，仿佛施了魔法。“这究竟是如何实现的，”他宣称，“我实在无法想象。”

这样的仪式显然非常耗时。之后对君士坦丁堡的另一次访问中，柳特普兰德与尼基弗鲁斯·福卡斯皇帝的谈话不得不缩短。柳特普兰德这样写道，当时钟声响起，尼基弗鲁斯说，“已经七点多了，接下来还有一个教会仪式，我必须参加”。

然而，不管多么麻烦，这些仪式是拜占庭意识形态的重要组成部分。正是依靠这样的要素，拜占庭帝国积累了巨大的威望，并且善于处理外交关系。在这一点上，拜占庭有别于和它产生直接冲突的其他强国（巴格达的阿巴斯王朝可能是例外，他们出于类似的目的，恢复了萨珊王朝的宫廷礼仪）。 83

与此同时，尽管在圣像问题上产生纠纷，中世纪的拜占庭帝国继承了古代晚期高度统一的意识形态。帝国的关注点并不是任何一个王朝，而是皇帝的地位和帝国的概念。因此，哪怕是最自私的贵族和将军，帝国意识形态也能够激发他们的野心，促使他们争夺帝国的权力，而不是只顾经营自己的独立王国来摆脱它。

精心安排的宫廷仪式在文化上强化了这一点。省级官员和军区指挥官受命来到首都之后，皇帝特意为他们安排了丰盛的宴席，并把赏赐和礼物亲自交给他们。在政治上，拜占庭文化也具有高度融合性。通过皈依帝国的基督教派系，并且学习希腊语，特别有助于迅速获得罗马人的身份。比如，11世纪文武双全的拜占庭将领塞考梅诺斯，是一位自豪的、爱国的罗马人，虽然他很可能是亚美尼亚人和格鲁吉亚人的后裔，但他有着无可挑剔的希腊名字（字面意思是“燃烧的那个人”）。

新的危机和新的解决方案

然而，帝国政府与贵族之间的关系并不是完全融洽的。和古代晚期一样，10世纪的经济扩张推动了大型庄园的扩建。这样一来，宫廷官吏贵族和东部巨富家族的成员控制的土地越来越多，并利用这些土地来组建自己的军队，从而有可能威胁到各军区的军事安全。为了解决这个问题，从罗曼努斯·勒卡佩努斯（920—944，他和年轻的君士坦丁七世共同执政）到巴西尔二
84 世（正如我们之前看到的，他镇压了东部贵族的叛乱，迫使巴尔达斯·斯科莱鲁叛逃巴格达）的历任皇帝颁布了一系列法令。巴西尔只是靠着外部力量的帮助才取得了胜利，他从基辅的北欧罗斯人当中招募了一批士兵，组建了瓦兰吉卫队，协助他的军队作战。

如前所述，拜占庭帝国并非单一的王朝，但是从9世纪末至11世纪中叶的大部分时间里，帝国统治者都有着同样的血统，即所谓的“马其顿”王朝，得名于巴西尔一世（867—886），他被称为“马其顿人”。在11世纪，学者型大臣米哈伊尔·普塞路斯这样写道：“我相信没有哪个家族像他们那样受到上帝的宠爱。”

巴西尔一世是个很古怪的人物。他在职业生涯早期，可能

只是个专门讨好贵妇的混混。作为一个出身卑微的年轻人，他勾搭上了一位名叫达尼埃利斯的富有寡妇，成了后者的男宠。通过她的关系，他进入了宫廷圈子，很快就和年轻风流的皇帝米哈伊尔三世（绰号“酒鬼”）成为密友，后者甚至比达尼埃利斯更宠爱他，任命他为联合皇帝。但巴西尔却恩将仇报，暗杀了米哈伊尔，并篡夺了他的皇位。巴西尔的蹿升过程如火箭一般，令人大开眼界，同时也提醒我们，拜占庭政体的核心在于宫廷圈子。

在巴西尔一世的继任者中，并不是所有人都以他为榜样。我们注意到，在10世纪早期和中期，君士坦丁七世像他父亲利奥六世（886—912）一样，鼓励思想和文学的复兴。他发起了一场百科全书的运动，旨在编纂和整理各个领域的人类知识，从外交政策到宫廷礼仪再到兽医，无所不包。他还参与营造多个著名建筑。

这场运动被学者称为“马其顿文艺复兴”，在某种程度上，这显然是个政治声明：它是对8世纪和9世纪帝国西部的加洛林王朝文艺复兴，以及同时代位于巴格达的阿巴斯王朝哈里发的宫廷对思想和艺术的赞助所做出的回应和反驳。既然拜占庭皇帝的权威超越了世界上其他的世俗统治者，那么他的宫廷在文化方面也应该超越对手。这场运动还试图在文化和意识形态方面与查士丁尼时代重新建立联系，以消除关于“毁坏圣像运动”的记忆。

马其顿王朝的最后一位统治者于1066年去世，拜占庭帝国随后经历了一段政治动荡时期，命运发生了明显的逆转。过了大约二十五年，拜占庭才恢复了类似于马其顿王朝的相对稳定的局面。1081年，阿莱克修斯一世篡夺了皇位，他的家族一直把持皇帝头衔，直到1185年。随后，皇位先后落入伊萨克二世（1185—1195）、他的兄弟阿莱克修斯三世（1195—1203）和他的儿子阿莱克修斯四世的手中，后者被阿莱克修斯五世杀害。然而，阿莱克修斯五世的短暂统治又在1204年被第四次十字军东征推翻。

这些统治者——科穆宁家族和安格鲁斯家族——的帝国所处的环境，远比1025年巴西尔二世去世时（见地图5，当时拜占庭的领土面积和政治影响力达到中世纪的顶峰）更加艰难。其原因主要在于帝国无法控制的事件。如果说外部的发展促进了帝国在9世纪和10世纪的扩张，那么外部世界的重组最终将抵消这些成果。

在11世纪，帝国面临的最直接威胁是帕臣涅格人，他们是一个贪婪成性、高度军事化的游牧部落联盟，与匈奴人和阿瓦尔人极为相似。他们在9世纪末统治了欧亚草原西部，之前我们已经
86 看到，君士坦丁七世的《帝国行政论》对此非常关注。

巴西尔二世征服了保加利亚，这导致帝国与这些人直接接触。结果，帕臣涅格人在多瑙河下游成为拜占庭的主要对手。1033年至1036年，帕臣涅格人对巴尔干半岛的帝国领土发动了一系列毁灭性的攻击，并且深入到帖撒罗尼迦（帝国的第二大城市）寻找战利品和掠夺物。

帝国当局采取了一系列措施，在一定时期内遏制了帕臣涅格人的威胁。尤其是，通过一项激进的“焦土”政策，在多瑙河以南的帝国领土内，通过疏散人口建立了一个警戒区，以阻止帕臣涅格人的袭击。与此同时，在特定的边防前哨建立了严格管制的边境市场，向帕臣涅格人提供他们最想要的货物。

然而，对拜占庭领土产生更大威胁的强盛势力是东部边境

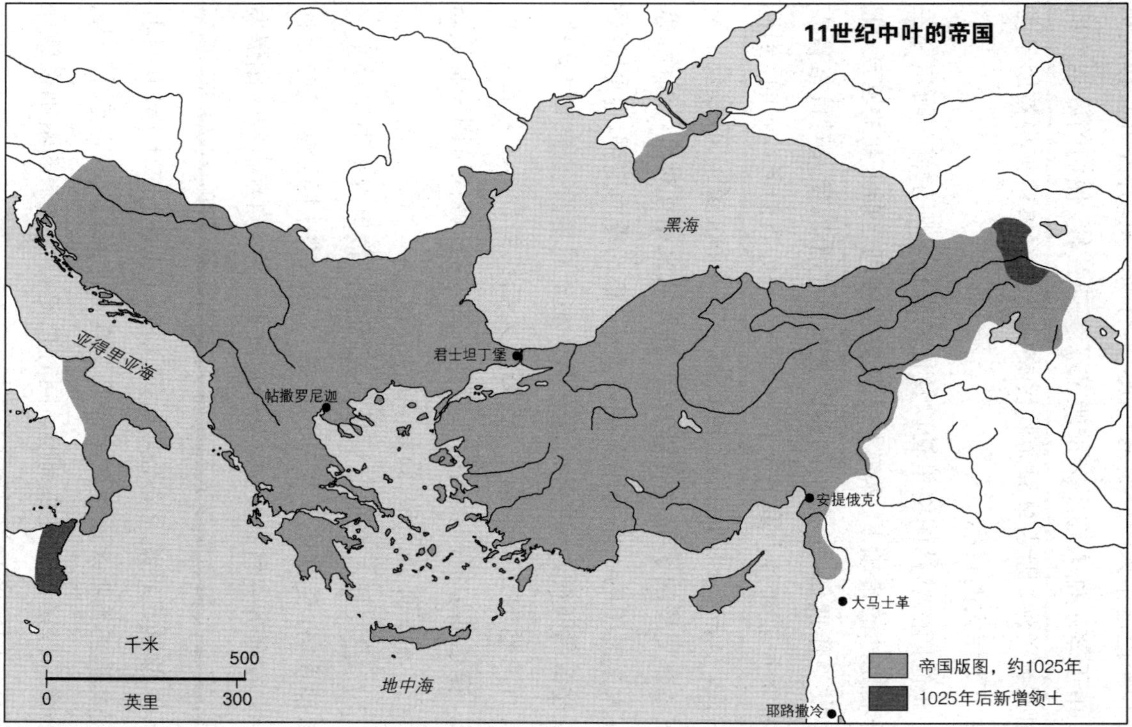

地图5　拜占庭帝国（11世纪中叶）

新出现的塞尔柱突厥人。突厥人同样是来自草原的游牧民族，他们和帕臣涅格人一样骑马作战，具有高度机动性，并且作战勇猛。由于塞尔柱人在不久前皈依了伊斯兰教，他们的好战本能更加引起关注，因为草原游牧民族的传统军事精神将被用于圣战这一更伟大的目标。

在他们的领袖图格里勒以及他的继任者阿尔普·阿尔斯兰和马利克沙的带领下，塞尔柱人开始掌控阿巴斯王朝的宫廷，把哈里发当作傀儡，并鼓动同为游牧民族的土库曼人对抗格鲁吉
88 亚、亚美尼亚和拜占庭的基督教信徒。正如我们所看到的，到目前为止，拜占庭和阿拉伯之间的战争都是精心组织的战役。双方在适合交战的季节，由结构相似的军队来相互对抗。然而，塞尔柱人指挥下的土库曼军队规模更小，机动能力更强，他们总是能绕过帝国防御，击败拜占庭军队。由于对手没有中央根据地，也没有清晰的指挥架构，拜占庭人无法找到合适的攻击目标。因此，在东部边境想要遏制土库曼人的攻势，就像试图控制液态汞一样：不仅徒劳无功，而且非常危险。

1071年，拜占庭皇帝罗曼努斯四世·戴奥真尼斯发动了一次东部攻势，使其陷入与塞尔柱苏丹阿尔普·阿尔斯兰的直接冲突。在曼齐克特战役中，皇帝兵败被俘，导致拜占庭帝国爆发内战，突厥人和土库曼人趁机深入安纳托利亚和小亚细亚，那里的军区部队已经退化，无力抵抗入侵。只用了二十年的时间，突厥人就在小亚细亚西海岸建立了自己的家园，并且定居下来。整个帝国经济最发达的地区，同时也是古代复杂的基础设施保护最充分的地区，现在变成了战场。

然而，突厥人定居的程度越高，拜占庭帝国反击的可能性

就越大。早在1080年左右，拜占庭军队就开始对突厥人进行局部打击。然而，帝国当局面临的主要问题是，军队缺乏攻城的经验，不知道该如何摧毁敌人的据点（比如西部的尼西亚或东部的安提俄克）。如果不能控制这些城市，拜占庭人就不可能借由这些胜利来收复领土。 89

在阿莱克修斯一世统治时期，拜占庭找到了解决方案。如前所述，他于1081年夺取了皇位。塞尔柱人和土库曼人攻入安纳托利亚和小亚细亚，导致拜占庭军事贵族纷纷逃往帝国首都，他们的财产被敌人抢走，因此痛恨无能的帝国当局。为了安抚他们，皇帝将部分权力授予这些贵族，允许他们向截至当时免税的纳税人社区索要贡税和劳务。这实际上相当于一场拜占庭内部的“封建革命”，借此机会完成了贵族控制强化的过程，而早在10世纪，这种控制刚出现时就引起了皇室的关注。

然而，阿莱克修斯急于减轻他在政治和军事方面对外来贵族的依赖。因此，我们看到他频繁求助于自己的家族成员，安排他们担任政府职位。最关键的是，他开始依赖外国人，主要是来自西方的雇佣军和骑士，用他们来充实帝国卫队。

正如我们所看到的，到11世纪初期，拜占庭重新确立了它在基督教世界的统治地位。拜占庭皇帝的威望和财富使许多西方人，特别是渴望冒险的法国骑士加入帝国卫队效力。阿莱克修斯积极推动这一发展，甚至让诺曼骑士为他服务，尽管诺曼人在11世纪中叶对于帝国在西西里岛、意大利南部和亚得里亚沿海地区的统治地位造成了极大破坏。他这样做的原因在于，这些骑士恰恰拥有帝国急需的攻城战专业知识。

1095年，阿莱克修斯与教皇乌尔班二世接洽，请求拉丁西

90 方提供军事援助。结果，教皇呼吁各国组织武力，发动十字军东征，对抗穆斯林异教徒，解救东方的基督徒，恢复基督教对圣地的掌控。在接下来的两年里，大约6万名西方人将前往君士坦丁堡支持帝国的事业。

第一批到达的十字军主要由农民和其他装备简陋的军队组成，皇帝随即将他们运到小亚细亚，他们很快就在那里遭遇了可怕的结局。然而，当更多训练有素、经验丰富的十字军骑士抵达后，帝国当局则小心地安排他们前往小亚细亚和叙利亚的城市，他们迫切需要从敌人手中夺回这些城市。

1097年，塞尔柱人在尼西亚的根据地沦陷，十字军向安提俄克进军。然而，进攻这座城市的最初尝试却没能成功。因此，在东征十字军领袖的建议下，阿莱克修斯命令帝国军队撤退。这座城市随后被来自诺曼的冒险家博希蒙德攻陷。但是，他拒绝转让这片领土，十字军和帝国政府之间的关系开始恶化。

不过，导致阿莱克修斯和十字军领袖之间关系彻底发生转折的原因在于，十字军领袖决心向耶路撒冷挺进，并期望阿莱克修斯和他们一同前往。但这是皇帝永远不会做的事。正如我们所看到的，虽然耶路撒冷已经成为西方教会表达虔诚和朝圣的重点对象，但是在拜占庭，由于君士坦丁堡已经被塑造成新耶路撒冷，因此真正的耶路撒冷地位反倒没那么崇高。

因此，帝国当局缺乏西方人矢志进军圣城的热情。如前所述，即使在11世纪初帝国扩张的高峰时期，帝国政府也始终保持
91 谨慎，不去攻击耶路撒冷（这也是穆斯林的圣城）或巴格达，以免对手同仇敌忾，发动大规模的圣战。相反，十字军领袖对这种危险置之不理，并将阿莱克修斯的沉默视作背叛。因此，当1098

年耶路撒冷陷落时，它（和安提俄克一样）成为独立的拉丁王国，由十字军所控制。

在中世纪早期出现的东西方基督教派系的信仰差异，导致了彼此之间的误解和相互指责。在某种程度上，阿莱克修斯面对塞尔柱人的威胁所采取的解决方案适得其反（尽管从帝国的角度来看，由十字军控制安提俄克要好于穆斯林）。

然而重要的是，阿莱克修斯和他的继任者从未放弃这样的想法，那就是利用西欧拉丁国家的虔诚、雄心和军事意志，让它们为帝国服务。因此，为了控制诺曼人在意大利的势力，拜占庭不断尝试利用德意志皇帝开疆拓土的野心。与此同时，拜占庭则不断利用威尼斯或阿马尔菲等意大利商业城邦（它们在名义上是皇帝的臣属和臣民）来加强海军实力。

正是这一点，导致阿莱克修斯和他的继任者决定承认意大利人在帝国首都重要的贸易权利，包括免税措施和金角湾的商人定居点。这导致居住在帝国首都的西方人数量剧增，同时意大利人在帝国经济的商业领域占据了主导地位。

来自拉丁国家的商人、骑士和冒险家继续积极参与帝国事务，这一变化具有持久的意义。因为这意味着，德意志皇帝、十字军和意大利商人日益卷入帝国内部的政治斗争，从而导致拜 92
占庭的统治阶级和首都居民对他们的憎恨与日俱增。

尤其是，十字军和意大利城邦的代表不断卷入12世纪末困扰科穆宁家族的派系纠纷，以及1185年安格鲁斯家族发动的政变，他们推翻了科穆宁家族的统治，并引发了随后一系列争夺皇位的斗争。

西欧国家卷入拜占庭内斗的趋势在1204年达到顶峰。当时，第四次十字军东征（最初是针对埃及）在改道后来到君士坦丁堡。被废黜的帝国皇帝伊萨克二世的儿子向十字军领袖承诺了巨额酬金，要求对方帮他夺得皇位。他的确如愿以偿，成为阿莱克修斯五世，但是他无力支付酬金，十字军于是在一场暴乱中洗劫了这座城市，并在佛兰德斯伯爵鲍德温的领导下建立了自己的政权。此后的历史将证明，对于拜占庭帝国来说，这是一次
93 毁灭性的打击。

第六章

文本、形象、空间与精神

文化与保守主义

正如我们所看到的，拜占庭帝国的意识形态包括两个要点：首先，罗马帝国的历史具有延续性；其次，皇帝对罗马帝国的全部领土具有统治权，这一点不容置疑。在中世纪历史的大部分时间里，帝国的军事行动遭遇了种种挫折，和它在古代晚期的辉煌历史相去甚远。因此，帝国当局支持的艺术作品和文化活动往往具有极强的保守性和仿古性。

在“毁坏圣像运动”中，历任皇帝（尤其是君士坦丁五世）试图重新与君士坦丁大帝的辉煌时代建立联系。比如，他们下令用十字架象征来取代教堂中的各类宗教形象，因为这是312年君士坦丁在米尔维安桥战役中见到的神迹。同样，正如我们所看到的，马其顿王朝的历任皇帝试图重新与查士丁尼时代建立联系，从而抹去有关“毁坏圣像运动”的记忆。因此，“复兴”和“净化”是帝国的代名词，但“创新”不是。

这种极为保守的意识形态导致拜占庭的文学文化（古代留
94 下的思想遗产）中出现了更广泛的保守主义倾向。受过教育的拜占庭人从罗马帝国的“第二代智术师”（讲希腊语的东方最初接受罗马统治时发生的一场文学繁盛运动）时代继承了一种信念，即所有非教学性和非宗教性的高雅文学都应该用古希腊的阿提卡语来书写（这是古雅典人使用的希腊语，“第二代智术师”学者保存并研究了这种语言）。

6世纪，历史学家普罗柯比在很大程度上模仿了雅典历史学家修昔底德的散文风格和词汇用法，后者的《伯罗奔尼撒战争史》写于一千多年前。由于采用这样的“高雅风格”，普罗柯比必须想办法处理当时的希腊语口语中已经不再使用的古典语法形式，而且还要避免使用新词。如果某些词汇不是源自继承下来的古典词汇，那么就不能在高雅文学中使用。为了解决这个难题，古代的术语必须有所变化，以适应当代的发展。

比如，在描述圣索菲亚大教堂时，普罗柯比不能将其描述为“ekklesia”（意为“教堂”），因为在阿提卡语中，这个词的意思是“集会”。为此，他使用了另一个词“naos”。这个词的真正意思是“神庙”，但是根据“高雅风格”的要求，它比前一个词更加合适。

因此，直到拜占庭帝国末期，甚至在此后的很长一段时间内，想要写作“美文”的希腊语作家不得不用僵化的语域和基本不变的文学模式创作，这些用法都源自公元前5世纪的雅典。这样做的好处是，那些被拜占庭的学校管理者和文字模仿者视为阿提卡风格典范的古希腊作家，或是当时雅典人高度重视的古希腊作家，他们的作品都被保存下来，流传后世。拜占庭帝国的

课堂教材后来都成了古希腊“经典”，因为文艺复兴时期和现代 95
西方早期的人文主义者日后将接触到这些作品。如果拜占庭的文学氛围不是偏重古典风格的话，那么亚里士多德、柏拉图、希罗多德、修昔底德、埃斯库罗斯和索福克勒斯的作品都将失传（或许，以亚里士多德为例，只能通过翻译而部分保存下来）。

为此，拜占庭文化也付出了一定的代价。拜占庭文学中的高雅文化实际上构成了所谓的“展示性文学”，作者通常都会删除他们作品中任何带有地方色彩、个性或新奇感的内容。作家的艺术性首先表现在，他严格遵循了古典时期的文学语言和模式，对于那些不属于高雅文化圈的人来说，这样的语言和他们的生活没有关联，也没法理解（因此，当时的匿名作品几乎不可能流传下来）。

这必然意味着，即使最优秀的作品，读者也可能极为有限。在查士丁尼时代，能读懂阿提卡语是进入帝国政府的基本前提，也是整个帝国的城市精英所渴望得到的教育。事实上，普罗柯比告诉我们，他的《战争史》在罗马世界的每个角落都有人读。

然而，令人震惊的是，几乎每一部古代晚期用希腊语“高雅风格”写成的历史著作都完成于君士坦丁堡。这意味着，只有在帝国首都，才能找到大量的受过良好教育的读者（以及聆听这类文本的听众）。然而，7世纪至8世纪的波斯战争和随后的阿拉伯战争对城市造成了巨大破坏，并且导致大规模的文化混乱。随着帝国的许多城市被摧毁，幸存下来的城市人口急剧减少，大量旧的教育基础设施遭到破坏。传统的精英文化已经没法再传
播到各个行省。因此，在各个地方，只有极少数读者还能够读懂 96

用“高雅风格”写成的文本。

只有在君士坦丁堡，传统的文学教育才有可能在这一时期的社会变迁中延续。但即使在那里，教育基础设施也遭到严重破坏，并且不同政权的教育政策也有所变化。这意味着，能够真正欣赏10世纪和11世纪阿提卡语文学的读者数量可能在任何一代中都只有几百人。

在科穆宁家族统治时期，拜占庭出现了城市复兴，从而诞生了人数更多、更接近于资产阶级的听众。然而，仍然有人认为能读懂高雅作品的人并不多。据说，13世纪的历史学家尼基塔斯·蔡尼亚提斯（他写了一篇关于第四次十字军东征攻陷君士坦丁堡的生动记录）能说出所有读者的名字。

拜占庭的文学氛围也继承了“第二代智术师”时代对于修辞文本的浓厚兴趣，后者是罗马帝国高阶中学教育的基础。这些作品对于如何称颂个人、如何描述建筑、如何赞美城市都给出了详细规定和固定写法。因此，对此类作品的偏爱进一步拉开了古典作品与拜占庭现实生活之间的距离。

有评论者认为，拜占庭文学就像是某种“扭曲的镜子”，呈现了一种深刻的非古典世界的阿提卡化视角。然而，不同于这一比喻所隐含的游乐场氛围，拜占庭文学的主要目的是展示知识的精致。

“从娼妓嘴里流出的蜂蜜”

在教会的影响下，拜占庭文化的保守主义倾向被进一步强
97 化。异教徒批评家高兴地指出，基督教《新约》的核心文本并不是用适合表达崇高思想的“高雅风格”写成的。相反，这些文本

的语言是日常使用的希腊共通语，这种语言在希腊化时期成为近东地区的通用语。因此，教会内部总有一部分人认为“希腊学问”无关紧要：虔诚的基督徒所需要的只是他的《圣经》。

比如，6世纪来自安提俄克的历史学家约翰·马拉拉斯写了一部历史，涵盖了从创世到当时的全部时期。他对希腊和罗马的历史几乎没有兴趣，除非它与《圣经》的历史相吻合或揭示了上帝对人类的安排。此外，他的语言风格很朴素，更接近当时的希腊语口语，并且书中使用的文学典故全都源自《圣经》。同样，马拉拉斯的同时代人、行为古怪的亚历山大里亚商人科斯马斯写了一篇《基督教世界风土志》，其中有遥远地区动植物的大量杂乱细节，意在揭示物质世界的结构符合《圣经》中的设计。

两位作者试图传递的信息很清楚：只有“《圣经》学问”才是真正的学问。朱利安皇帝（361—363）则坚持与马拉拉斯和科斯马斯相对应的异教思想。朱利安在他的文学研究中认定，希腊精神和基督教无法兼容。如果在“拿撒勒人”（他这样来称呼基督）和荷马之间做选择，朱利安宁愿选择后者。

然而，由于政治和文化条件的限制，马拉拉斯和科斯马斯这样的学者逐渐被边缘化。在古代晚期，罗马帝国东部行省中说希腊语的精英分子意识到，在荷马、修昔底德、希罗多德和其他希腊经典作家的研究中，有一种共同的高雅文化，并且这些作家的语言风格基本一致，用的都是阿提卡风格。对于古典文化和 98
语言的向往，成为他们自我身份认同的核心要素。如果在君士坦丁及其继任者的统治下，教会想要彻底实现整合，并建立相应的机构（正如许多教会领袖所希望的那样），那么它就必须与希腊的高雅文化（特别是希腊文学）相调和。

因此，在4世纪，恺撒利亚的圣巴西略写了一篇文章，为追求传统文学和修辞学教育的基督徒辩护，这些教育为年轻人接受更高的真理提供了必要的准备。虽然一些评论家认为希腊学问是俗话说的“从娼妓嘴里流出的蜂蜜”，但这种对风格和修辞结构的强调，使基督徒得以从古典文学中剔除异教内容和主题（无论如何，这些内容和主题都可以在基督教的寓言意义上来理解，比如赫拉克勒斯，相当于《圣经》中的大卫）。

参加大公会议的教职人员有效地利用了希腊思辨哲学的分析结构，深入探讨“三位一体”和基督神学。与此同时，在4世纪和5世纪，那些了不起的教士，比如约翰·克里索斯托，善于将古典修辞术用于布道。因此，早期教会的这些教父强化了“高雅风格”的权威性，同时将希腊《圣经》的共通语确立为一种独立的语域，它更适合与广大信徒的交流。

同样，更加通俗的语域也被认为适合用在教诲功能更为明显的世俗文学中。10世纪，君士坦丁七世在《帝国行政论》的序言中宣称：“我不想故意展示优美的文字，也不想模仿阿提卡风格，大量使用崇高的形象。我想要通过日常语言和对话性的叙
99 述来教你了解这些知识。”因此，掌握多重语域是理解中世纪希腊语文学的关键。

拜占庭教会最终支持帝国的高度保守的高雅文化。但与此同时，教会又对这种文化进行了重新修饰。那些极具影响力的教父，比如克里索斯托或纳西昂的圣格列高利，他们的布道词和著作成了文学经典的重要补充。此外，教会在7世纪拜占庭危机期间得以生存，这意味着教会（尤其是修道院）的缮抄室在文学

文本从6世纪的古代晚期世界到8世纪的中世纪世界的传播过程中可能发挥了最重要的作用。

当时，用“小写花体字母”书写的手抄本迅速推广，这加快了文学文本的传播速度，因为文本从莎草纸（古代主要的书写媒介）到羊皮纸（一旦阿拉伯人切断埃及的莎草纸供应，帝国就不得不依赖羊皮纸）的复写速度更快了。这种小写花体字母也意味着抄写员可以在每页纸书写更多单词，从而降低了抄写的成本。

教会缮抄室在文本传播过程中的核心作用，将对拜占庭思想文化的未来发展产生重大影响，因为这意味着可以仔细地剔除教会当局不赞成的大量世俗文学。同样，我们几乎不知道在古代晚期像阿里乌或聂斯脱里这样的“异端”人物究竟写了或宣扬了什么思想，我们能够知道的只有他们的对手宣称的内容。这一事实并不能说明罗马帝国晚期的专制多么有效，而很可能是拜占庭教会的缮抄室执行了严格的思想审查。

随着旧帝国的大部分城市地貌遭到破坏，以及基督教之前时代的世俗教育传统几乎被抹杀，教会已成为拜占庭文学创作 100
的主导力量。对于8世纪末重新出现的各类文学文本而言，它们的读者群体主要是修士，这些人的品位和兴趣意味着，世俗的或非传统的内容必然会被边缘化。

当然也有例外。比如，历史学家很幸运，异教徒朱利安皇帝被认为是一个优秀的阿提卡语作家，因此他那些充满敌意的反基督教作品被拜占庭的历代誊抄员精心保存下来。

然而，由于教会在文本传播过程中的支配作用，中世纪拜占庭图书馆所收藏的书目绝大多数都涉及教会事务和基督教思想，就连古典时代的幸存作品也是如此。令人吃惊的是，在所有现存的9世纪至11世纪的拜占庭手稿中，几乎90%的手稿内容都属于宗教性质。

这甚至影响到当时文人的私人收藏（可能还有他们的眼界），比如11世纪的塞考梅诺斯将军。研究表明，在他的私人藏书（其中大部分可能是他继承的藏书）中，有十本涉及《圣经》、三十三本涉及礼拜仪式、十二本涉及修道院、三本涉及修道院的精神属性、一本伪经、四本圣徒传记、两本基督教杂著、三本教会律法专著。此外，还有十卷“世俗”文学，包括一本语法书、一部法律著作、几部编年史、一本释梦指南，以及五篇古代或古代晚期的文学作品。

正如我们所看到的，拜占庭在古希腊文学经典的传播和延
101 续过程中起到了至关重要的作用。然而，由于宗教情感的变化，
以及战争和国内冲突造成的文化错位和物质破坏，大量的文学、哲学和科学作品依旧失传。

比如，君士坦丁堡的大型公共图书馆在476年被大火烧毁。这座图书馆由君士坦提乌斯二世下令建造，用来存放世俗文献。据记载，损失的文献数量高达12万卷（可能指的是莎草纸书卷）。9世纪，君士坦丁堡牧首、人文主义者佛提乌写了一系列笔记和评论，详细描述了他的阅读书目。这些笔记（被称为《群书辑要》）共280卷，详细介绍了386部他读过的作品，其中有233部作品涉及基督教，还有147部涉及世俗生活或异教信仰。一半以上的作品要么已经完全失传，要么只能见到残缺的片段。第四次十字军东征（以及奥斯曼帝国最终征服君士坦丁堡）对君士坦丁堡造成了巨大的破坏，这同样可能导致许多文献丢失。

形象与想象

此外，教会的保守文化造成的影响并不限于文学作品。8世纪和9世纪，关于圣像的争论迫使那些支持圣像崇拜的人提出了一个论点（基于古希腊哲学中柏拉图思想的晚期变体），他们认为圣像上所描绘的形象是对原型（基督、圣母或圣徒）的准确描绘。因此，尊重形象就是尊重原型，而不是形象崇拜（因此不属于偶像崇拜）。

在古代晚期，圣徒的个人形象已经发展出某些可识别的关键特征，不再只限于文字描述，这使得崇拜者能够准确识别相关形象中所描绘的神圣人物或圣徒。因此，圣母玛利亚的着装样式很容易辨识。尤其是在“毁坏圣像运动”之后的年代，这必然限制了艺术家或工匠的发挥空间。根据圣像代表真实形象的观 102
点，宗教艺术应该采取自然主义的风格。但实际上，强调标准化的可识别特征导致作品的风格更接近于“速写”。这样一来，任何长着卷曲白发和鹰钩鼻的老人形象都可以被相当自信地认定为圣彼得。

此外，强调形象与“真实”原型之间的关系，意味着教会强烈反对用视觉描绘（甚至是文学描述）的手段来表现非“真实”的事物或众生，比如那些神话动物，它们或者是古代文化的遗留，或者是艺术家或作家想象的产物。教会并不喜欢文艺想象，他们认为幻想意味着与恶魔共舞。

这反过来又产生了一个有趣的结果：对于斯芬克斯、鹰头狮和其他源自古典神话世界的杂糅形象，人们的态度发生了明显转变。在古代晚期，（受过良好教育的）人们在看到这些形象时，能够理解背后的文学渊源和典故。但是在中世纪，拜占庭人在观察这些继承下来的视觉形象时，更多地认为这些形象具有魔法或者护身符的属性。因此，他们把这些形象画在护身符或者饭碗上。它们不再代表古代的文化品位，而是可供利用的魔法力量。

必要性和创新性

然而，重要的是要认识到，不管外观是否具有延续性，拜占庭几个世纪来所处的客观文化语境不可避免地产生了新的文化形式，并且激发了远比人们通常所认为的更大的创造力。虽然说“高雅风格”支配了“美文”世界，但对拜占庭文学而言这一
103 点来得更为真切。

比如，在古代晚期，随着教会的兴起和基督教的发展，新的文学形式出现了。这些形式此后将在文学经典中发挥重要作用，超越了前面提到的布道词。其中最重要的形式是圣徒传记，或者说基督教圣徒生平记述。这类作品在最初创作时运用了朴素的风格（尽管在马其顿时代，这些作品进行了二次加工，使语域变得更加高雅）。

第一部圣徒传记由亚历山大里亚牧首亚大纳修在大约360年用希腊语写成，传主是3世纪埃及隐士、修道生活的先驱圣安东尼。在借鉴既有的世俗人物传记传统的同时，这本书生动地描述了安东尼与魔鬼的斗争，契合了古代晚期对于恶魔的迷恋。随即，许多作家开始翻译和模仿这部作品，比如5世纪的执事马克，他详细记录了4世纪加沙的圣波菲利的生平。又比如7世纪的修士乔治，他描述的对象是和他同时代的雪根的圣刁多禄，其

中包括由农村社会关系所衍生的各种生动场景。

同样，在教会的支持下，新的历史写作方式开始兴起。比如，约翰·马拉拉斯的基督教《世界编年史》就是典型代表。如前所述，该书试图梳理从创世到当时的人类历史，以期待神的审判和末日的到来。马拉拉斯带有目的论的历史观，以及他对于古希腊和古罗马历史的回避，与同时代的另一位史学家普罗柯比形成了鲜明对照。普罗柯比的《战争史》并没有对任何内容采取明确的基督教立场，他关于过去的看法建立在古希腊和古罗马文明的基础上。

这两位作者的不同写作方式表明，拜占庭帝国早就有了“文化战争”存在。直到6世纪末，逐渐出现了更加明确的采取基督 104
教立场和古典风格的历史书写形式（比如阿加提阿斯的作品，他延续了普罗柯比的工作，记录了查士丁尼时代的战争史）。教会礼仪的发展也有助于产生新的文学形式。比如，在6世纪的君士坦丁堡，罗马大教堂的领唱者用希腊语写了赞美诗，诗歌形式源自信仰基督教的闪米特人所使用的古叙利亚语。这是一种文学创新，产生于古代晚期特定的文化碰撞。

世俗文学也在经历着有趣的变化。尽管那些在6世纪和7世纪以“高雅风格”书写历史的人继续渴望用阿提卡语来创作（比如，普罗柯比表现出非凡的创作才华），但总体而言，各种文学形式开始尝试大胆的、富有创造性的融合。

因此，尽管普罗柯比写《战争史》时，从修昔底德那里借鉴了大量的词汇用法，但他同时也借用了阿里安对亚历山大战役的叙事结构，并将他对于查士丁尼政权的分析嵌入文学典故的复杂网络。此外，在他那本充满脏话的《秘史》中，普罗柯比借鉴了源自希腊小说的叙事结构和源自喜剧的词汇，同时也颠覆了颂词（用于称颂个人的演说或文稿）固有的修辞形式，对查士丁尼、狄奥多拉和他们的随行者发起了极具原创性的语言攻击。

文学体裁也出现了类似的融合，很明显的例子是塞奥菲拉克特·西莫卡塔写于7世纪的《历史》。这是用“高雅风格”的散文形式写成的一部历史著作，但它的叙事结构却源自古希腊悲剧，以被谋杀的皇帝莫里斯作为主人公。作品以历史和哲学两位缪斯女神之间的对话开始，对于严格遵循规范的人来说，这样的对话令人困惑。与塞奥菲拉克特同时代的宫廷历史学家皮
105 西迪亚的乔治，写了一部希拉克略领导下抗击波斯的战争史（目前仅存残缺的片段）。作者以散文形式叙述了皇帝的战役，其间穿插着诗歌形式的演说。所有迹象都表明，这原本是一个充满文学创造力的时代，可惜遇上了7世纪的城市破坏和文化混乱，整个文学创作先是停滞不前，随后走向衰落。

不过，在某些地方，当阿提卡语“美文”文化的负面影响最弱的时候，中世纪拜占庭文学也出现了一些新颖的发展方向。比如，我们之前提到的长诗《狄吉尼斯·阿克里特》。10世纪左右，拜占庭东部边境的军事和社会局势为英雄史诗传统的自发涌现提供了条件。11世纪至12世纪，这种史诗传统趋于完善。第四次十字军东征后，说希腊语和拉丁语的精英之间的文化接触，促成了用希腊语创作的英雄故事，其形式借鉴了西方各国文学中的骑士传奇故事。

在拜占庭帝国的一些地区（比如希腊的摩里亚半岛或塞浦路斯岛），由于被拉丁人统治，当地的编年史也出现了一种相当独特的发展方式。社会语境的变化必然导致新文学形式的出现。

不过，就创新性和必要性之间的关系而言，拜占庭建筑和艺术的发展表现得最为明显。第二章关于君士坦丁堡的描述表明，查士丁尼之后的历任皇帝并没有充足的经济资源来建造能够媲美古代晚期的雄伟建筑。因此，8世纪至10世纪的帝国和贵族的建筑规模更小。有趣的是，教会建筑的建造原则并没有保持统一。 106

新建造的教堂通常采用“正方形加十字架”的式样（即，一个圆顶放置在四个弧形拱券之上，形成一个希腊十字架，底下用四根柱子或四组墩柱作为支撑，构成一个正方形）。在规模更大的这类建筑中，附加的小圆顶可以放置在十字架的四个支臂上，从中间的大圆顶向外延伸。

有人认为，这种设计可能是为了满足小型修道院的需要（最初可能出现在靠近君士坦丁堡的比提尼亚，8世纪时那里的修道院进行了扩建），但很快被广泛采用，因为它更适合中世纪早期人数减少后的教会仪式，而不是像查士丁尼时代的十字圆顶大教堂那样，能够容纳更大的人群。这是一项务实的精简计划，不过这将对东正教的未来发展产生影响。

应该指出的是，拜占庭新形式的教会建筑的传播与教会内部关于形象的斗争发生在同一时期。因此，建筑和艺术的发展很快将产生重要的协同作用。正如我们所看到的，在毁坏圣像期间，历任皇帝倾向于用十字架装饰教堂，或者用动植物的场景和图案，这让人想起君士坦丁时代大教堂的马赛克镶嵌装饰。地方贵族纷纷模仿这种风格。比如，在卡帕多西亚，军事贵族建造的教堂就显示出这种风格。他们回避了基督、圣母和圣徒的形象（不过后来又加了上去）。

但是，在古代晚期建造的帝国大型建筑中，这类形象从来就没有扮演过核心角色：因为这样的礼拜场所的内部空间实在太大，对于帝国当局来说，最合适的办法是用马赛克图案来装饰这
107 些建筑的墙壁，这样操作更简单，速度更快，成本也最低（尤其是圣索菲亚大教堂，我们已经提到过，当时的建造过程非常匆忙）。

然而，毁坏圣像引发的争论却使形象成为一个大问题。结果，在843年支持圣像的派系获得胜利后，拜占庭教堂重新采用各类形象，并且面积比以往大得多。我们又一次见到，在原样修复的华丽辞藻下，诞生了真正的创新举措。比如，867年，牧首佛提乌在圣索菲亚大教堂的东侧后堂（见图6）为一幅巨大（并且精致）的圣母和圣婴镶嵌画举行了揭幕仪式。在仪式现场的布道词中，佛提乌将这一事件描述为原样修复。事实上，这样的形象以前从未有过。因此，形象的作用、意义和可见性都显著增强了。

在圣索菲亚大教堂，圣母和圣婴的镶嵌画产生了惊人的视觉效果。但在某种程度上，它仍隐含在整体结构中。然而，在规模较小的拜占庭教堂中（它们是中世纪早期的产物），采用图案丰富的绘画装饰有助于改变东正教礼拜仪式的心理基础和情感基础，因为教堂的内部空间更小，形象与观者之间距离更近，这意味着圣徒和信众之间的关系变得更加私密、更加直接。至关重要的是，由于需要覆盖的表面空间较少，以具象的马赛克形式进行装饰，花费的成本不多，完全可以承受。因此，这种装饰后来成为拜占庭教堂的文化标志。

与此同时，这些礼拜场所内部的形象组合也变得更加标准化（尽管从未统一）。在很大程度上，中央圆顶要留给基督（“全能的主”），有时他的身边还有圣徒和天使。考虑到高度与等级

图6 圣母和圣婴的马赛克镶嵌画，位于圣索菲亚大教堂的配殿，867年由牧首佛提乌揭幕

109

108 相匹配，后殿的半圆顶往往留给圣母玛利亚，她的身边通常是大天使米迦勒和加百列。在基督的下面可以看到《旧约》中描述的各位使徒和先知。在玛利亚的下面，可以看到使徒和“教会”圣徒（比如约翰·克里索斯托）在进行圣餐仪式。支撑中央圆顶的三角拱被赋予了福音书的四位作者，而弧形拱券则被给予了《新约》中的场景。最后，教堂正厅的剩余墙面通常留给了“世俗”的圣徒群体，比如以士兵形象出现的圣乔治、德米特里乌斯和他们的同伴。上述模式基本上沿用至今，现在进入大多数拜占庭和东正教的教堂，依然可以看到这样的空间分配。

在“毁坏圣像运动”时期，视觉艺术遭到严重破坏。然而，在这场运动之后对想象和艺术越来越普遍的重视，也造成了一些问题。因为在这场运动结束后，马其顿王朝的历任皇帝试图回到查士丁尼时代具有强烈的自然主义风格和富有表现力的艺术传统。然而，在6世纪和7世纪的战争和城市动乱中，复制和模仿这种艺术所需的许多技能已经失传。因此，必须通过小心复制古代晚期的遗存来逐步地重新学习这些技能。

这是一个缓慢而艰苦的过程，一直到11世纪和12世纪，才最终达到预期的结果，然后到了13世纪和14世纪，又朝着新的方向发展（见图7）。此外，随着这座古色古香的城市大多被摧毁，古代晚期艺术赖以生存的公共空间在很大程度上也随之消失。因此，起源于古代晚期公共艺术领域的形象和式样（比如建筑物上端的带状装饰和柱子上描绘的场景）被挪用到家庭和私人环境：尤其是手稿画饰、象牙和搪瓷器具。

值得注意的是，在古代晚期，城市里到处可见真人大小（甚
110 至更大）的权贵、皇帝和其他人的雕像。但是在中世纪的拜占

图7 耶稣基督的马赛克镶嵌画，位于圣索菲亚大教堂南侧，创作时间大约在1261年拜占庭人收复这座城市后不久

庭，制作此类雕像的传统已经消失。虽然有记载称，安德洛尼卡一世（1183—1185）曾计划为自己竖立一座铜像，这表明也存在某种形式的科穆宁式的雕塑复兴。

结果（如第二章所述），许多在中世纪来到拜占庭的人非常惧怕君士坦丁堡数量众多的古代雕像：它们被认为是一个陌生 111
时代的产物，具有魔法和预言能力，或者被当作魔鬼的居所。甚至一些有文化的人和受过教育的人也赞同这种观点。比如，8世纪有一本名为《城市简介》的君士坦丁堡建筑指南，作者采取超自然主义的立场来看待这些雕像。拜占庭文明的伟大学者西里尔·曼戈指出，这本小册子告诉我们，拜占庭人是如何看待这些雕像的。书中使用了一个标准的中世纪拜占庭希腊语单词，它在现代希腊语中的意思是鬼，或者“附在某个特定地方上的灵魂”。

自由思想家

古代文学和哲学文本的残存和传播，以及学者们的持续研究（即使在某些时候，只有少数学者在从事相关研究）意味着，拜占庭人的艺术观、文化观和宗教观并非一成不变，并且总会有一些思想敏锐的人能够欣赏古代的、高雅的，或者用他们自己的话说，特别的作品。

比如，在13世纪早期，历史学家尼基塔斯·蔡尼亚提斯惊恐地注意到，第四次十字军东征的骑士毁掉了君士坦丁堡的许多古代雕像，他抨击了这一做法，并称这些骑士是“不懂得欣赏美的野蛮人”。对尼基塔斯来说，这些雕像并不是什么可怕的事物。相反，它们是艺术品，当它们遭受破坏的时候，人们应该哀悼。因此他写道，狮身人面像（遭到了教会的谴责）“从前面看，像美丽的女人；从后面看，像可怕的野兽。它以一种新发明的仪态漫步前进，灵巧的翅膀高高举起，足以媲美展开翅膀的大鸟”。

同样在13世纪，西奥多二世（位于尼西亚的拜占庭“帝国”统治者，在拉丁人短暂统治君士坦丁堡期间，他在小亚细亚西部
112 保持独立）在描述帕加马的古代遗迹时，表达了他对古代的深切崇敬：他声称，环绕着古代剧院的塔楼，“既不是现代人的杰作，

也不是现代人的发明，光是看到这些建筑，就足以让人震撼”。他还宣称，“去世者的作品比在世者的更美”。

纵观拜占庭的整个历史，这样的自主思想可能会给教会带来麻烦。比如，在6世纪和7世纪，向死去的圣徒祈祷的做法受到了挑战，因为亚里士多德教导说，身体和灵魂相互依赖，因此在失去其中一方后，另一方也无法生存。

同样，在11世纪，具有一半诺曼人血统的哲学家约翰·伊塔鲁斯（他可能是拜占庭最伟大的知识分子米哈伊尔·普塞路斯的学生）也被禁止教书，并被拘禁在修道院内，因为他（除了其他出格的想法之外）试图将哲学辩证法应用于基督学，将异教徒的信条（比如，世界的永恒性）应用于宇宙学，并且主张柏拉图的灵魂轮回等概念具有现实性。我们应该注意到，许多同情约翰的人都是教士，对他的谴责带有政治动机作用下表演性审判的所有特征，但是他被攻击的原因依然值得深思。

在中世纪末期的拜占庭，新柏拉图主义学者乔治·格弥斯托士（约1360—1452）在晚年（此时已改名“卜列东”）提倡崇拜修订版的以宙斯为首的希腊万神（尽管他本人参与了帝国与教皇之间的神学谈判）。卜列东与自己生来就接受的宗教令人吃惊的决裂足以说明，或许基督教和希腊精神之间的紧张关系从未彻底得到解决。卜列东觉得他必须在二者间做出选择，而且就像在他之前的朱利安皇帝一样，他最终也选择了希腊精神。 113

第七章

帝国的终结

罗马人、法兰克人、希腊人和突厥人

1204年，拉丁人攻陷并洗劫了君士坦丁堡，这对于拜占庭是个毁灭性的打击，此后它再也没能恢复。在这座城市沦陷期间，关于各种暴力事件的骇人听闻的描述，比如强奸修女、毁坏圣像、洗劫教堂等，传遍了东西方。幸存下来的艺术品、雕像和圣物，有许多被掠夺或出售，最后运到西方，成为意大利城市（最著名的是威尼斯，它曾是拜占庭建立的定居点）以及其他西方基督教国家的修道院和大教堂的装饰品。

可以理解的是，许多西方人对1204年的洗劫事件有着强烈的道德不安，他们不得不为十字军（包括拉丁神职人员）参与的"神圣盗窃"编造复杂的神学借口，将其归于天意。同样可以理解的是，许多东方人对于西方人的反应都是充满敌意：拉丁人或法兰克人逐渐成为拜占庭人心目中用于确立自我身份的"他者"。就宗教身份而言，尤其如此。

自从罗马城脱离了罗马帝国的直接管理，拜占庭与罗马主
教或教皇之间的关系就呈现周期性的紧张状态。特别是从8世 114
纪和9世纪开始，西方教会（由教皇领导）和拜占庭教会（由君士坦丁堡牧首领导）开始在实践和惯例方面分道扬镳。

到11世纪，教皇成为独立自主的政治力量，这加剧了双方的紧张关系。结果，东西方之间在1054年出现了短暂的“分裂”。然而，教皇、皇帝和牧首仍然能够在情况需要时（正如第一次十字军东征的历史背景所表明的那样）携手合作。但1204年之后，这样的合作不可能再出现。实践的差异逐渐固化成神学思想上的分歧，特别是对于教义的拉丁文补充。务实的皇帝，比如米哈伊尔八世·巴列奥略（1261—1282），试图向教皇妥协，以求恢复教会内部的统一。他心里很清楚，拜占庭仍然会遭到西方的攻击，但是他需要拉丁人的支持，共同对抗突厥人。但是，拜占庭教会变得越来越不服从命令。米哈伊尔八世联络教皇的做法被一些人认为是不虔诚的行为。东正教（他们对于罗马城充满敌意）和拜占庭身份正在融为一体。

与此同时，拉丁人占领君士坦丁堡这一事实，导致拜占庭受过良好教育的精英阶层开始重新思考希腊文化对于他们身份的影响。正如我们所看到的，拜占庭人总是把自己看作罗马人（并且他们的东方邻居也总是这样称呼他们）。然而，从8世纪开始，这种罗马人身份受到西方人（比如，加洛林王朝和奥托王朝的皇帝）的挑战，他们同样希望继承罗马帝国的遗产，于是将拜占庭人称为“希腊人”，以此作为区分。

对拜占庭人来说，“希腊人”一词在传统上并不是作为种族
名称，而是宗教名词，意思是异教徒。然而，在1204年之后，拜占 115

庭的知识分子主动接受了外部强加给他们的希腊人身份，并将其作为抵抗拉丁人入侵和统治的一种形式。由此开始了一个渐进的转变过程，罗马东正教身份开始被希腊东正教身份所取代。

在政治上，十字军攻陷君士坦丁堡导致了拜占庭的内部分裂，因为征服者任命了佛兰德斯伯爵鲍德温作为新的皇帝（1204—1205），同时还任命了一位拉丁牧首。西方征服者还打算在希腊的帖撒罗尼迦及其周边地区建立统治，包括希腊北部和马其顿以及希腊南部和伯罗奔尼撒的相邻地区，拉丁冒险家已经在那里开辟了自己的领地。然而，塞浦路斯、塞尔维亚和保加利亚已经脱离了帝国的控制。与此同时，在黑海沿岸的特拉布宗、小亚细亚西部的尼西亚、希腊中西部和西北部的伊庇鲁斯地区，冒出了许多说希腊语的东正教自治政权，他们均声称自己是“新罗马”君士坦丁堡的皇位继承人。

拜占庭的这些“流亡政府”互相争夺，从未形成统一的国家。即便米哈伊尔八世在1261年以尼西亚为根据地，将拉丁人赶出君士坦丁堡，恢复了帝国的基本面貌（拉丁人的统治从一开始就很脆弱。1207年，他们在保加利亚人手里遭受重创），也没能改变内乱的局面。特拉布宗帝国（在科穆宁家族成员的领导下）自行其道，财源广进，因为它们是丝绸之路最西端的主要货物集散地。而伊庇鲁斯帝国一直保持独立，直到14世纪被塞尔维亚人征服。在希腊南部和塞浦路斯，当地的拉丁政权也在坚
116 持，他们的领袖与当地说希腊语的政治精英（即“执政官”）建立了密切的共生关系，双方达成密谋，共同剥削农民。

在此期间，君士坦丁堡一直是商业和国际贸易的中心。然而，贸易带来的收益大都落入外国商人和拜占庭贵族的手中（他

们越来越多地在意大利的银行存储资金)。相比之下,帝国内部的政治分裂意味着拜占庭政府变得更加贫穷,为了确保生存,他们甚至比以往更加依赖于挑拨其对手相互竞争。

比如,1282年,在被称为“西西里晚祷”的事件中,拜占庭当局不仅发动了当地人起义,而且支持阿拉贡军队入侵西西里,以阻止法国国王路易九世(他声称拥有君士坦丁堡拉丁帝国的统治权)的兄弟安茹的查理发动重新征服西西里的战争。法兰克人编写的《摩里亚编年史》认为,拜占庭人利用欺骗和诡计与法兰克人作战。

帝国财政枯竭的一个标志是,1343年(当时正值内战),拜占庭皇冠上的珠宝被抵押给了威尼斯(当时威尼斯仍然是帝国商业生活中的主要力量);同时,在1354年至1366年间的某个时候,帝国政府停止了铸造金币(帝国使用金币的传统源自君士坦丁皇帝)。

然而,帝国的文化生活却蓬勃发展。重新强调拜占庭身份中的希腊元素,促使帝国的知识分子真正接触到文学和哲学领域的古典传统(特立独行但才华横溢的卜列东就是个典型的例子),并且大量的拉丁文作品(从西塞罗到托马斯·阿奎那)首次被翻译成希腊语。 117

最重要的是,在巴列奥略王朝,拜占庭的宗教艺术达到了创作巅峰,将强烈的神秘感(当时神学发展趋势的产物)和叙事场景的新颖表现结合在一起。由14世纪的学者型政治家西奥多·梅托奇蒂斯创立的一所修道院教堂(现伊斯坦布尔的卡里耶博物馆),其内部的壁画和马赛克镶嵌画保存至今,生动地展示了拜占庭晚期艺术的高超水准,足以与同时代意大利的艺术水平相媲美（见图8）。

拜占庭的文化威望依然在延续，重要标志之一就是，拜占庭艺术不断被其他地区模仿和复制，其影响范围远远超出了帝国的政治版图。尤其在巴尔干半岛以及后来在俄罗斯，一位活跃于诺夫哥罗德和莫斯科的艺术家（人称“希腊人塞奥法尼斯”）将拜占庭艺术发扬光大，并赋予了强烈的精神力量。

然而，正如过去经常发生的那样，拜占庭东部边境的力量重构最终决定了帝国的命运。尼西亚的拜占庭政府能够首先遏制并消灭君士坦丁堡的拉丁政权，这在很大程度上得益于塞尔柱突厥人相对平静的本性，双方通过谈判保持了相对和平的关系。然而，与之前阿巴斯王朝哈里发统治的衰退类似，13世纪的塞尔柱突厥人也全面衰败。他们在对抗罗马基督徒（这是突厥人对拜占庭的认知）的圣战中所起到的积极领导作用也逐渐消失，取而代之的是一系列具有突厥血统和宗教动机的边境军事领袖，这些人又被称为“加奇”（意思是“信仰的捍卫者”）。

1243年，当塞尔柱突厥人被迅速扩张的蒙古势力击败时（蒙古帝国不仅向西方扩张并将波斯纳入版图，而且也扩张到了东方），这些“加奇”的自治权得到了极大的强化。此时，塞尔柱突厥人已
118 经沦为蒙古帝国管辖下的波斯伊尔汗国的附属国，彻底消亡。

“罗马的古老荣耀究竟怎么了？”

边境地区的军事团体“加齐”不断扩张，一心想要填补塞尔柱人衰落造成的权力真空，他们能够从基督教邻国那里赢得战利品和奴隶，因此迅速积累了一批追随者，声望与日俱增。尤其是，由奥斯曼（约1324年去世）、奥尔汗（约1324—1362）和穆拉

图8 描绘西奥多·梅托奇蒂斯将修道院献给基督的马赛克镶嵌画(14世纪),现收藏于伊斯坦布尔的卡里耶博物馆 119

德一世（1362—1389）建立的王朝，从位于安纳托利亚西北部的根据地迅速向西扩张，对抗元气大伤的拜占庭帝国，并且向东、南两面不断扩张，对抗同样具有突厥血统的竞争对手。

重要的是，这些“奥斯曼”突厥人（以奥斯曼的名字命名）在1354年成功地将势力范围拓展到欧洲。他们先是占领了加利波利，随后又控制了马其顿和保加利亚。1389年，在一次决定性的交锋中，他们在科索沃战役中击败了塞尔维亚大公拉扎尔，标志着基督教阵营的迅速崩溃，并为穆斯林突厥人在巴尔干半岛大规模定居开辟了道路，他们愿意提供军事服务以换取土地。1396年，突厥人还在尼科波利斯战役中击败了一支规模庞大的十字军增援部队，苏丹巴耶济德一世（1389—1402）一路攻入匈牙利，将势力扩展到多瑙河以南。此时，拜占庭帝国发现自己被包围了，之前他们已被迫从小亚细亚撤离。

从君士坦丁堡的角度来看，形势非常严峻。自从第四次十字军东征以来，拜占庭的统治阶级清楚地认识到，他们的帝国不可能永远延续，而是像所有其他帝国一样，不仅会衰落，而且会灭亡。实际上，早在14世纪初，学者型政治家西奥多·梅托奇蒂
120 斯就承认了这一点。

现在看来，毁灭似乎迫在眉睫。曼努埃尔二世亲自前往西方寻求援助，这表明事情有多么危急。在巴黎，他受到索邦大学教授的款待，并且住在卢浮宫。1400年的圣诞节，他与英格兰国王亨利四世在位于埃尔特姆的宫殿共进晚餐。亨利的朝臣乌斯克的亚当这样写道：“我暗自思量，这位了不起的基督教君主居然被萨拉森人从最东端驱逐到这些最西端的岛屿，他该是多么悲伤……上帝啊，罗马的古老荣耀究竟怎么了？”

曼努埃尔二世虽然受到尊重，却很少得到实际支持。如果拜占庭教会不能与罗马教会结成联盟，西方各国就不会做出实质性的军事承诺。然而，1204年的事件所造成的深远影响，使得拜占庭教会的大多数领袖永远无法接受与西方结盟，因为他们知道，在君士坦丁堡无论是否有皇帝坐上王位，真正的宗教总是有能力生存下去。因此，虽然1439年在佛罗伦萨大公会议上，曼努埃尔的继任者约翰八世（1425—1448）基本上全盘接受了西方的要求，承认罗马教皇至高无上的地位，但他的妥协却遭到了东方主教们的断然拒绝。俄国的东正教统治者也发表声明，谴责了他在宗教方面的投降行径。他们声称自己才是君士坦丁的真正继承人，他们的首都莫斯科是“第三罗马”。

事实上，拜占庭受到的压力在15世纪初略有缓解。1402年，奥斯曼军队在安卡拉战役中被蒙古人击败。这引发了巴耶济德的几个儿子之间旷日持久的内战，穆罕默德一世（1413—1421）最终获胜，他迅速掌控了奥斯曼帝国，并重新开始对外扩张。

君士坦丁堡当局试图利用奥斯曼王朝和宫廷内部的斗争（但通常支持失败的一方），再次绝望地寻求谈判来延续生存，他 121
们甚至愿意承认奥斯曼帝国至高无上的统治地位。然而现在，没有一支足够强大的军事力量来对抗突厥人。因此，对手采取一致行动来攻占这座城市只是时间问题，因为随着火药和大炮的出现，这座城市迄今为止坚不可摧的城墙（1204年十字军攻陷君士坦丁堡的时候利用了海防的漏洞）正变得越来越脆弱。

在恺撒的宫殿中

随着一位年轻的王子渴望在战场上建立功勋，拜占庭帝国的末日悄然到来。1451年，年仅十九岁的穆罕默德二世（1451—1481）成为奥斯曼苏丹，当时的拜占庭皇帝君士坦丁十一世（1449—1453）策划阴谋，试图阻止穆罕默德上位。这给后者提供了开战的借口，为此他精心准备，在博斯普鲁斯海峡修建了巨大的防御工事，对海上交通实行管制，逐步扼杀这座城市。1453年4月6日，在海上袭击的同时，他下令猛攻城墙。

在加泰罗尼亚和意大利雇佣兵的协助下，拜占庭的抵抗非常顽强，平民和修女在城墙上运送补给，为军队提供援助。然而，突厥人的军事压力无法阻挡。最初，穆罕默德和他的将领让非正规军先去进攻城墙，目的在于消耗城防实力。当这些一心贪图战利品的冒险家（包括信奉基督教的希腊人和斯拉夫人）被击退后，安纳托利亚突厥人的正规军队和精锐的近卫军才上阵冲锋。

最终，在布拉切奈附近的城墙西北角发现了一处缺口，据说圣母玛利亚在626年曾在那里干扰了阿瓦尔人的进攻。然而，此刻已没有了神的佑护。当奥斯曼帝国的军队蜂拥而至穿过城
122 墙，在整座城市内四散进攻时，君士坦丁十一世和他的随从做出了英勇的举动，他们加入了混战。据当时的资料记载，皇帝的尸体从未被发现。有人说一个天使将他从现场拯救出来，把他变成大理石像，藏在一个山洞里，有朝一日他会回来解救他的人民（见图9）。

随着突厥人的旗帜在城市上空升起，一些城市外围的社区，比如西南角的斯图迪奥斯先驱者圣约翰教堂附近的民众，或者东北角加拉塔（佩拉）的拉丁商人区，正式向突厥人投降。这些社区得以幸免，私人财产和礼拜场所基本完好无损。至于其余社

区则遭受大难。根据圣战规定，军队有三天的时间来掠夺这座城市，并且可以强暴、屠杀或奴役其居民。

然而，所有的公共建筑都属于苏丹穆罕默德二世，他已经被授予“征服者”的头衔（见图10）。许多居民逃到圣索菲亚大教堂避难，这里随即遭到猛烈袭击。穆罕默德来到现场，宣布这座教堂应该立即改成清真寺。当宣礼员在讲坛上念宣礼词时，穆罕默德登上空荡荡的祭坛，带头祷告。据称，在感谢真主帮助他们获胜后，穆罕默德参观了旧宫殿建筑群中被毁坏的厅堂，在那里他轻声念着一位波斯诗人的诗句：“蜘蛛在恺撒的宫殿中织窗帘；猫头鹰在阿夫拉夏卜的塔楼里报时。”

帝国景象

1453年君士坦丁堡沦陷后不久，奥斯曼帝国陆续征服了拜占庭的大部分领土。1461年，特拉布宗被纳入奥斯曼帝国的版 123
图，标志着从1204年以来一直延续的科穆宁自治王国的灭亡。重要的是，蓬塔斯地区的大量希腊人被迫迁居君士坦丁堡。穆罕默德二世渴望恢复繁荣，并最终将君士坦丁堡确定为正在扩张的帝国的首都。

将君士坦丁堡作为统治中心，穆罕默德和他的继任者不可避免地要利用拜占庭的政治和文化遗产。苏丹迫切希望拜占庭贵族中幸存的成员为他效劳（虽然他已经消灭了贵族的主要成员）。一些说希腊语的大臣（其中许多人皈依了伊斯兰教）授予他古代皇帝头衔“巴西琉斯”。东正教牧首职位得到恢复，牧首将领导帝国境内说希腊语的东正教臣民，并对其负责（在未来几个世纪内教会将成为希腊身份赖以生存的主要载体）。

图9　16世纪克里特人临摹的《智者利奥神谕》中的微型画，描绘了君士坦
124　丁十一世复活的场景

图10 “征服者”穆罕默德闻着玫瑰的香味，出自“宫廷画册”，哈齐内2153，10a对开 125

此外，穆罕默德和他的继任者决心在拜占庭统治者的基础上再接再厉：他们将拜占庭统治者的石棺埋在日常发号施令的托普卡比宫下面，其中就包括希拉克略，他的坟墓原本在圣使徒教堂。后来，那座教堂被拆除，取而代之的是一座清真寺，用于纪念“征服者”穆罕默德。

从现在起，奥斯曼帝国统治下的君士坦丁堡是一个以穆斯林为主的城市，但这里仍然居住着大量的基督徒。比如，在东正教牧首的周围，将会形成新的说希腊语的精英群体，包括中间人和官员（他们被称为“法纳尔人”，因为牧首的驻地在法纳尔区）。这些精英中的许多人声称自己具有拜占庭血统（基本
126 上都是假的），并且到了18世纪依然效仿“第二代智术师”的方式，用阿提卡风格的希腊语写作。

当然，在1923年奥斯曼帝国被废除之前，君士坦丁堡仍然是一座帝国城市，说希腊语的基督徒、亚美尼亚人和犹太人仍然是重要组成部分。直到1960年，最后一个具有一定规模的希腊人群体才在一场政治因素导致的大屠杀中遭到驱逐。

的确，君士坦丁堡非常适合作为帝国首都，它是拜占庭伟大遗产的一部分。因此，随着奥斯曼帝国在18世纪至19世纪开始衰落，周边强国都贪婪地盯着这座城市，想要在那里确立自己的统治地位。俄罗斯沙皇尤其如此，他们渴望将君士坦丁堡重新改造成基督教城市（比如，在第一次世界大战中，一位希腊人血统的俄罗斯官员甚至受命带上十字架，准备在俄罗斯占领君士坦丁堡时，将这个十字架放置在圣索菲亚大教堂的顶端）。

以君士坦丁堡为首都，重建基督教帝国，这样的梦想直到1922年才宣告终结。当时在康斯坦丁一世的统治下，新成立的

希腊王国派出军队，疯狂抢占小亚细亚西部的土地（那里有大量说希腊语的居民区）。结果，他们被凯末尔·阿塔图尔克（“土耳其国父”）率领的部队击败，溃不成军。阿塔图尔克赶走了希腊人，宣布成立共和国，正式将君士坦丁堡更名为伊斯坦布尔，并且改立安卡拉为新的首都。

当然，拜占庭留下了丰富的文化遗产，东正教的礼拜仪式、艺术和音乐，以及教会内部的学者和知识分子，都在其中起到了一定的传承作用。早在1453年拜占庭陷落之前，他们中的许多人就移民到了意大利，专门从事希腊研究的教学。如果说启蒙 127
运动信奉的哲学理念刻意贬低拜占庭的文化和政治成就，那么他们称得上是数典忘祖，因为启蒙运动的根基是古典作品中的思想形态。很大程度上，这要归功于拜占庭人文主义者的努力，是他们保存并传播了古希腊文本。

既然启蒙运动的论断似乎并不那么可靠，我们或许应该更加欣赏这样一个传承千年的古老文明的丰富性和复杂性。正如我们在叶芝的诗歌中所看到的，或者在现代作曲家约翰·塔弗纳的音乐中所感受到的，在帝国终结之后，这样的文明依旧能够
激励人们不断前行。 128

索　引

（条目后的数字为原书页码，见本书边码）

A

B

C

D

E

F

G

H

I

J

K

L

M

N

O

P

R

S

T

U

Peter Sarris

BYZANTIUM

A Very Short Introduction

For T.F.S. with love

Contents

Preface

This book was completed over the course of a Summer Fellowship at the Dumbarton Oaks Research Library in Washington, DC, whilst I was otherwise working on a study of the 'Novels' of the Emperor Justinian. I would like to thank Margaret Mullett for her hospitality at Dumbarton Oaks (on this and a previous visit) as well as Deb Stewart and the other librarians for their assistance. My thanks also go to the Trustees of Harvard University for appointing me to the Fellowship, and to Jenny Nugee at OUP for her forbearance.

An early draft of this book benefited from the comments of Turlough Stone, to whom I am grateful. The understanding of Byzantium set out in the chapters that follow inevitably owes much to those who taught me Byzantine studies in Oxford (especially James Howard-Johnston, Cyril Mango, and Marlia Mundell Mango) as well as to the work of friends and colleagues such as (but not limited to) Mark Whittow, Catherine Holmes, Peter Frankopan, and Teresa Shawcross.

Much of the emphasis within this book is on warfare and its impact on Byzantine politics and culture. Byzantium was an empire, after all, which both lived by the sword and ultimately died by it. If the focus of this book dwells more on high culture than on economic structures, or fixes on the policies of emperors more often than it does on the lives of the peasantry, however, that is not because I regard such topics as unimportant, but rather because I address them in so much detail in my other writings.

Peter Sarris
Cambridge
2014

List of illustrations

List of maps

Chapter 1
What was Byzantium?

> The organic body sang together;
> Dialects of the world sprang in Byzantium;
> Back they rang to sing in Byzantium;
> The streets repeat the sound of the Throne
>
> (Charles Williams, *The Vision of Empire*)

Faith, reason, and empire

Today, we live in a world in which religious fundamentalism of all sorts is on the rise, and in which the elevation of Reason above Faith, which was one of the great intellectual and cultural achievements of the 'Enlightenment' of the 18th century, finds itself increasingly contested and publicly challenged. Some exponents of fundamentalist religion even reject the fruits of modern science and technology, regarding them as morally corrupting. Thus, in the old town of Jerusalem, walls are plastered with posters in Hebrew denouncing those who use the Internet or who are seen with smartphones. Yet many others (especially Islamic fundamentalists) have seized the opportunities offered by science (above all modern communications technology) to spread their message and press their case. Science is thereby harnessed to the cause of what they regard as true religion.

Those who view the world from a secularist perspective may regard such a position as incongruous, but it is in fact the opposition that the Enlightenment set up between Reason and Faith that is, in a sense, the historical anomaly. Nothing encapsulates this more clearly than the history of the Christian Empire, ruled for over a thousand years from the great city of Constantinople, that we know as Byzantium.

In terms of the official ideology and propaganda of those who ruled over it, Byzantium was not just a fundamentally Christian society, presided over by an emperor who was God's representative on earth. The empire was also believed by many to form a central part of God's divine dispensation for mankind. Understood in mystical terms, the earthly empire that emanated from Constantinople blended, merged, and united with the heavenly kingdom of Christ.

In that sense, it was a more profoundly religious society in terms of its core ideology than any of the other societies, kingdoms, and empires around it. In Byzantium, some claimed, heaven and earth were one. Yet, at the same time, it was the technologically and scientifically most advanced of the powers of the western Eurasian world in the early Middle Ages, one which was able to terrify Muslim attackers with its secret weapon of 'Greek fire' (probably a petroleum-based compound which was squirted through siphons and set ablaze to destroy enemy ships and men) and which could astound visitors from the Latin West with the great mechanical devices that adorned public spaces in the capital and surrounded the emperor in his court.

It was, of course, precisely because Byzantium was represented as so fundamentally religious a society that the writers and thinkers of the Enlightenment were so dismissive of it, and it was because of their dismissal that until comparatively recently the history of Byzantium has been so neglected in schools and universities.

To Edward Gibbon, whose *Decline and Fall of the Roman Empire* was to make such an imprint on the educated Anglophone mind, Byzantine history was 'a tedious and uniform tale of weakness and misery'. 'On the throne, in the camp, in the schools,' he declared, 'we search perhaps with fruitless diligence, the names and characters that deserve to be rescued from oblivion.' To Voltaire, it was 'a worthless collection of orations and miracles... a disgrace to the human mind'. His fellow Frenchman Montesquieu concurred, describing the complicated politics of the empire as 'nothing but a tissue of rebellions, sedition and treachery'.

It is to Montesquieu that we owe the usage of the term 'Byzantine' to refer to chronic bureaucratic complexity, interminable intrigue, and endemic corruption. The German high priest of reason, Hegel, was no less critical, informing his reader of the history of the empire that 'its general aspect presents a disgusting picture of imbecility; wretched, even insane, passions stifle the growth of all that is noble in thoughts, deeds and persons'. Politically despotic and deeply pietistic, Holy Byzantium was represented as a prison of the intellect and the soul. As a result, Byzantium's intellectual and scientific achievements were dismissed, and signs that it possessed a more diverse religious culture than its official ideology sanctioned were ignored.

Even those Romantic authors and mystical poets, such as W. B. Yeats and Charles Williams, who were drawn to the culture of Byzantium in the 19th and 20th centuries, were attracted to it precisely *because* of its supposed sidelining of Reason and its associated elevation of the sublime. It was, perhaps, a small blessing to a much maligned civilization that Sir Walter Scott never got round to finishing his Byzantine novel set at the time of the Crusades, *Count Robert of Paris*. It was one of the most turgid of his works (although, it must be admitted, he was writing it having been trepanned).

In the pages that follow, we shall see that Byzantium was a far more complex culture and society than either its Enlightenment critics or its Romantic devotees were willing to admit, and it is precisely this complexity that makes it so fascinating. Byzantium was a Christian society in which monks and churchmen as well as Christian laymen preserved the fruits of classical Greek (and pagan) philosophy, literature, and learning. Because of this, it would always generate individuals who, through their reading, would come to prefer Homer to Christ, or Plato to St Paul.

It was a culture that was inclined to eschew innovation, but which blended subject peoples of such diverse origins that it could not help but spawn many new literary, artistic, and architectural styles and forms. It was a world power which for centuries was locked in conflict with the Islamic world, but which learned to live alongside and deal with its neighbour pragmatically and subtly, avoiding much of the demonization of the 'other' that would characterize many Latin and western responses to the Muslim east. It was also an economy which, for many centuries, preserved much of the economic sophistication of antiquity which western Europe lost in the 5th century with the demise of Roman control.

Above all, it was a civilization from which no one modern nation state or polity can claim to be descended, or on whose legacy no one people can claim a monopoly. Not just Greeks but Turks, not just Russians and Serbians but many Armenians, Georgians, Syrians, and others can all claim, in different ways (and to differing degrees) to be heirs to the Empire of Byzantium or aspects of its legacy.

Why 'Byzantium'?

'The Christian Empire that we know as Byzantium' is how the Byzantine Empire was described in the preceding section. That is because very few of those who lived in the empire ever described themselves as 'Byzantine'. The adjective *Byzantinos* was sometimes used to describe individuals from the city of Constantinople, which had been known in Greek as *Byzantion* until the Emperor Constantine chose to rename the settlement in his own honour (*Konstantinoupolis Nea Romê*—'the city of Constantine the New Rome') in AD 325.

Even that usage of 'Byzantine', however, was largely a literary affectation. The term 'Byzantine' was borrowed in the 16th century by the German classical scholar Hieronymus Wolf (1516–80), who used it to describe a number of Greek-language authors who wrote on imperial affairs. It was kept in currency in the 17th century by scholars at the court of the French kings Louis XIII and Louis XIV, who lent their patronage to the publication of a number of 'Byzantine' Greek texts. Thereafter the label stuck, although some modern scholars of Byzantium prefer to describe the empire and its civilization as 'East Roman'.

This is for the very good reason that all 'Byzantine' emperors, and many of their subjects, always regarded themselves as Roman, and the empire in which they lived as the direct continuation of the Roman Empire of Augustus and Marcus Aurelius. Byzantium was not 'heir' to Rome—it *was* Rome. In Greek, they called themselves 'Romans' (*Rhomaioi*) just as modern Turks still refer to many Greek-speaking Christians (such as those in Cyprus, and the final remnants of the Greek community in Istanbul) not as Greeks but as *Rum*. In their own imagination, they were every bit as Roman as Livy and Cicero. In order to understand why, we have to go back to a series of struggles for power that almost ripped apart the Roman world in the 3rd and 4th centuries AD. In particular, we must look to the figure of the Emperor Constantine and his dynasty.

From Diocletian to Constantine

By the start of the 3rd century AD, the Roman Empire had expanded from the city of Rome to embrace a vast swathe of territory and a diverse body of subject peoples, from Britain in the west to Syria in the east, and from the River Danube in the north to the distant reaches of Upper Egypt and the Atlas Mountains in the

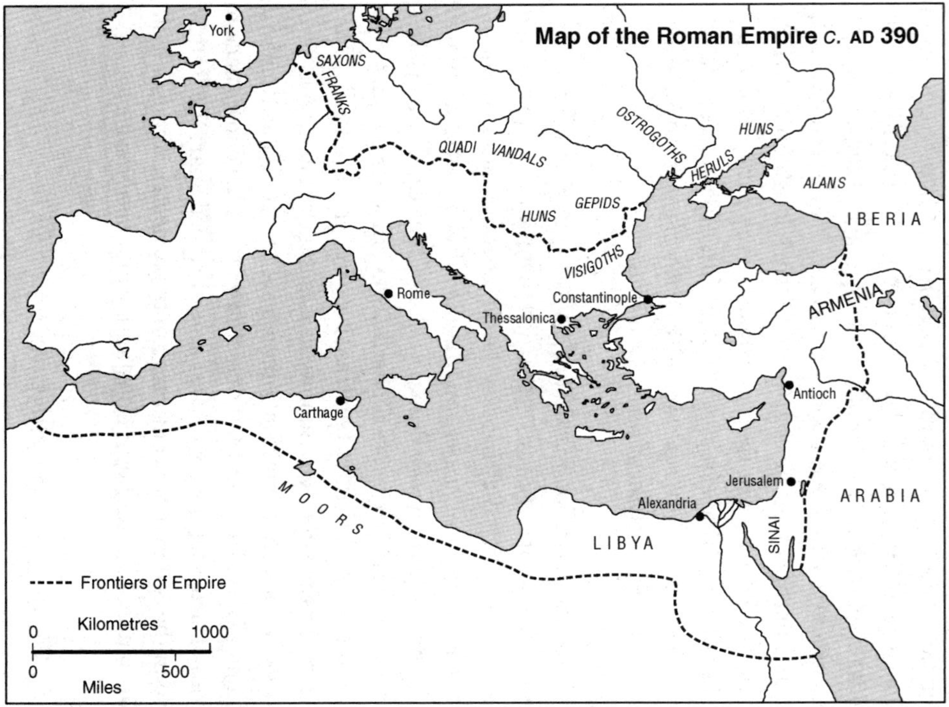

Map 1. The Roman Empire *c.* 390.

south (see Map 1). This the Romans had achieved through brilliant feats of arms, great diplomatic cunning, and the careful nurturing and reconciliation of the ambitions and expectations of the locally powerful in those regions over which the Romans aspired to extend their control. Those who were willing to co-operate with Rome, and buy into its values and culture, were granted status, honour, and rank, and were entrusted with much of the day-to-day governance and administration of the territories in which they lived.

The world that the Roman Empire created through its efforts was fundamentally city-based. That is to say, the regional elites who were co-opted into the project of empire lived in monumental urban centres termed *civitates* in Latin, or *poleis* in Greek. There, they were organized into city councils styled *curiae* or *boulai*. It was primarily through these city councils that the emperor ruled—his will being mediated to the councillors via imperially appointed governors, who, in turn, reported back to the emperor and senate of Rome on the condition of the provinces. Such a relatively devolved system facilitated rule over the enormous area of the empire, although the highest offices of state remained the preserve of a markedly conservative, Italian-rooted senatorial order focused on the city of Rome.

This system came under great pressure in the mid-3rd century AD. Economic and political contact between Rome and the various barbarian peoples beyond the Rhine and the Danube to the north undermined the latters' native and relatively egalitarian social structures, and led to the emergence among them of ever larger tribes and confederations, who were better able to challenge Roman mastery of the frontier zone.

At the same time, the closing years of the 2nd century had seen the Roman Empire extend its eastern frontier at the expense of the Persians. This defeat at the hands of Rome led to the downfall of the ruling Arsacid dynasty, and—following a struggle in which different aristocratic interests vied for ascendancy—its replacement at the head of the Persian world by the Sasanian dynasty.

In September 226, at the palace of Ctesiphon, the first Sasanian Shah Ardashir was crowned. Ardashir soon sought to unite the aristocracy of Persia behind him by launching a series of prestige-garnering offensives against the Romans. This policy of aggression was followed by his son and successor Shapur I, who, in 260, launched a daring campaign into northern Syria, sacking Antioch, and capturing and humiliating the Emperor Valerian.

In response to this crisis, a social revolution took place. The emperor, hitherto appointed by the senate in Rome, came increasingly to be appointed by the army. Not unnaturally, the army began to appoint men from its own ranks. The result was a series of military emperors of humble origin, absolutely committed to the ideology of empire but impatient of failure. This process culminated in 284 in the figure of Diocletian, who overcame his rivals, established himself as emperor, and waged a series of successful campaigns against foes internal and external alike.

The peace that Diocletian restored to the empire gave him the opportunity to consolidate a series of administrative reforms. A system of power sharing was introduced to give the empire more devolved leadership closer to the likely sources of military threat. This would eventually take the form of the 'Tetrarchy' (or 'rule of four'), whereby the empire was divided between two *Augusti* or emperors—one to face down enemies in the east, and one to confront those in the west—to each of whom was also appointed a deputy or *Caesar*. These *supremos* of imperial power resided in imperial capitals nearer the frontiers of the empire, such as Trier in the west, or Antioch to the east.

At the same time, the administrative and fiscal system was restructured to facilitate greater imperial control of provincial life. Military and civilian commands in the provinces were separated, and the size of the army increased. The provinces were reduced in size and increased in number so as to tighten central supervision of the city councils.

As a result of the expansion of the army, and an enlargement of the overarching imperial bureaucracy, the number of high-ranking military and civilian officials directly employed by the central imperial government appears to have more than doubled. These officials were primarily recruited from among the dominant elements within the provincial city councils of the empire. Alongside these changes, membership of the senatorial order was increasingly opened up to them.

A new imperial aristocracy of service thus emerged and began to dominate imperial politics. Crucially, this reconfiguration of power in the Roman world led to a shift of power and influence to the empire's primarily Greek-speaking eastern provinces, where the senior emperor ultimately resided, in order to keep a careful eye on Rome's great superpower rival—the newly belligerent Persian Empire.

This fact would have increasingly marked implications for the political culture of the Roman Empire and, in particular, the behaviour and deportment of emperors and those who surrounded them. Until the political ascendancy of Julius Caesar's adoptive son, Octavian, who defeated his rival Mark Antony in 31 BC, the Roman Empire had been a republic, theoretically ruled by the Senate and People of Rome.

It was Octavian (taking up the title *Augustus*—meaning something like 'venerable' or 'superhuman') who first established himself as emperor. However, Octavian had left the republican institutions of the Roman constitution intact beneath his own overarching authority, and presented the imperial office as a sort of conglomeration of republican offices. Thus he depicted himself not as overlord of the Roman world (which he really was) but rather

Chief Magistrate of the Roman Republic. It was in these republican terms that the imperial office was initially understood in much of the empire's Latin-speaking western provinces, where the local elites had learned and acquired their political culture from Rome.

In the primarily Greek-speaking eastern provinces of the empire, by contrast, the political culture was very different. With the exception of Greece itself, these were territories that had once been ruled over by the great monarchies of Persia and Egypt, whose kings had been lionized as gods. These rulers in turn had typically regarded their subjects as little better than proverbial (or actual) slaves. The deeply engrained culture of divine monarchy in these regions had essentially been preserved in the 4th century BC, when these lands had been conquered by the fiery genius of Alexander the Great of Macedon, who took little convincing that he too was a god.

Although Alexander and his heirs had been able to Hellenize the local elites of Egypt, Syria, and Palestine, imparting to them the Greek language and Greek intellectual culture, the style of rule adopted by the Macedonian kings was necessarily shaped to meet local expectations. Their political vocabulary of divine monarchy had been passed on to the Romans as Roman power in turn had expanded eastwards.

In the great city of Ephesus, for example, inscriptions honouring emperors in Latin accorded them such republican titles as *Pontifex Maximus* (meaning high priest of the college of pontiffs in Rome), while declaring the emperor in Greek to be the *autokrator*, or 'sole ruler'. Elsewhere in the east, the emperor was described as the *kosmokrator* ('world-ruler') and his freeborn Roman subjects as his *douloi* ('slaves').

There was a natural tendency for the political culture of Rome's Greek-speaking eastern provinces to radiate westwards. But the influence of that culture was reinforced and intensified by the institution of the Tetrarchy, and Diocletian's decision to base himself in the east. For it meant that the senior emperor was operating in a political context in which the tradition of divine monarchy was at its strongest, and where, for him to project his power effectively, he had to project it in such terms.

As a near contemporary, Aurelius Victor, declared of Diocletian:

> He was a great man, but with the following habits: he was the first to want a robe woven with gold, and sandals with plenty of silk, purple, and jewels; although this exceeded humility and revealed a swollen and arrogant mind, it was nothing compared to the rest, for he was the first of all the emperors after Caligula and Domitian to allow himself to be called 'master' [Latin *dominus*] in public, to be worshipped and addressed as a god.

The imperial office had thus become both militarized and highly ceremonialized, with the emperor increasingly depicted as the representation of divinity on earth. Diocletian, in particular, claimed to hold authority from Jupiter, the father of the gods in the Roman pantheon, who was depicted as the emperor's divine companion.

In the year 305, the elderly Diocletian did something remarkable for a Roman emperor: he retired, together with the junior *Augustus* Maximian. Diocletian was succeeded by his deputy, Galerius, in the east, and in the west power passed to the *Caesar* Constantius. In 306, however, as he marched through the province of Britain to police its troublesome northern frontier, the Emperor Constantius died at York. Instead of acknowledging Constantius' *Caesar*, Severus, as the new western *Augustus*, however, the field army in Britain threw its support behind the late Constantius' son, the young prince Constantine (Figure 1).

A new round of civil war and infighting thus ensued, as different factions and armies threw their weight behind rival claimants to

1. Marble head of Constantine, now in the Capitoline Museum, Rome.

imperial power. One by one, however, Constantine eliminated these rivals. In 312, he secured his ascendancy in the west by prising the city of Rome from the grip of Maximian's son, Maxentius, whom he defeated at the Battle of the Milvian Bridge. In 323, he marched east to face down the last of his foes, Licinius, whom he defeated on land and then, in 324, at sea, in the near vicinity of the ancient Greek settlement of Byzantion (Latin, *Byzantium*), built on the straits of the Bosphorus that linked Europe to Asia.

In celebration of his victory, as we have seen, he renamed the city *Konstantinoupolis Nea Romê*—'Constantinople the New Rome'—the following year. Constantine was now the sole master of the entire Roman world, over which he presided from his new city.

A new religion

As his dedication to the father of the gods, Jupiter, reveals, Diocletian was something of a conservative in matters of religion, and his reign had witnessed the persecution of followers of what he regarded as alien cults, whose presence within the empire he regarded as a source of divine displeasure. Among those who most attracted his opprobrium were Christians. These were followers of an offshoot and mutation of the ancestral faith of the empire's Jewish subjects.

Christians advocated the exclusive worship of what they regarded as the one 'true' God, whose son, it was claimed, had been made man in the form of an itinerant Palestinian preacher known as Jesus Christ (Greek, *Christos*—'the anointed one'), who had been executed by the Roman authorities under the Emperor Tiberius. Like the Jews, these Christians refused to sacrifice to the imperial cult (an obligation incumbent upon all the emperor's subjects).

To Romans of a traditional frame of mind, the Jews could be forgiven this: their refusal to sacrifice was justified on the grounds that their ancestral religion forbade it, and theirs was a very ancient religion. Accordingly, the Jews were upholding the traditions of their ancestors, and this, to conservative Romans was a fundamentally virtuous thing to do. The Christians, however, could make no such claim, for theirs was a new religion. To many Romans, this would have been a contradiction in terms: a religion, almost by definition, needed to be ancient to be genuine.

We might imagine, therefore, that such people would have been shocked to hear that the new Emperor Constantine ascribed his stunning victory at the Battle of the Milvian Bridge in 312 to the fact that he too had become a devotee of the Christian God, a conversion that he later ascribed to a divinely ordained vision of a cross revealed to him in the heavens. Later, when entering Rome, Constantine refused to do what was expected of emperors, and sacrifice at the Altar of the Capitoline Jove. Instead, from 312 onwards he publicly declared his support for the Christian community or 'Church' (Greek, *ekklêsia*), favouring it and its priests with ever-greater largesse.

Constantine's conversion is often presented as a sudden and inexplicable event, one which was to alter inexorably the course of human history. In certain respects, however, Constantine's adoption of Christianity was perhaps less dramatic a break with the religious sensibilities of many of his 3rd-century predecessors than is sometimes supposed.

As we have seen with respect to Diocletian, emperors of the 3rd century had frequently and deliberately associated themselves with specific individual divine patrons or cults whose power they sought to tap. Traditional Roman religion was 'polytheistic' (meaning the Romans believed there were many gods). Such emperors thus possessed a great array of potential divine patrons to choose from.

The 2nd and 3rd centuries, however, witnessed the growing popularity not only of Christianity, which, like Judaism, was 'monotheistic' (meaning Christians believed there was only one God), but also of forms of 'henotheism' (advocating the belief that while there may be many deities, one should worship a single supreme God—from the Greek *henos* meaning 'one'). Henotheism seems to have been especially popular in military circles, and was typically associated with the worship of deities associated with the Sun, such as Mithras or *Sol Invictus* ('the Unconquered Sun').

By virtue of the rise to political dominance of military men over the course of the 3rd century, forms of solar henotheism had become an increasingly important and visible part of the public religious life of the Roman Empire. So, for example, both Diocletian's predecessor, Aurelian, and his successor in the west, Constantius I, were devotees of *Sol Invictus*, with whom they chose to associate themselves in their propaganda. Importantly, from an early date, Christianity seems to have circulated in very similar social circles as cults such as that of *Sol Invictus*, and was itself characterized by a strikingly solar imagery and vocabulary: in the New Testament, for example, Christ was described as 'the light of the world' or 'the day-spring'.

As a result, the line of demarcation between solar henotheism and monotheism with strong solar associations, was highly permeable, and it was out of this milieu that Constantine emerged. When this is taken into account, Constantine's religious migration around the year 312 from solar henotheism to Christianity was perhaps less dramatic than has appeared to posterity. Certainly, as late as 323, Constantine continued to mint coins dedicated to the 'divine companion the Unconquered Sun', and in Constantinople he erected a statue of himself as the sun-god Helios-Apollo. In his public imagery and propaganda, Constantine continued to use forms, expressions, and motifs which, while not exclusively 'pagan', could nevertheless appeal to a non-Christian audience while being read in an allegoricized Christian way by his co-devotees.

There may well have been an element of political pragmatism to this: Constantine had to be careful not to offend the powerful pagan elements within the governing classes of his empire, whose cooperation and support he needed. On the other hand, it may well be that the multivalent message of Constantine's public imagery itself accurately conveyed the nature of the emperor's own personal religiosity. At the same time, he conceived of his relationship to the Christian God just as rulers in the east had long thought of their relationship to the divine: he was God's 'vice-gerent' or deputy on earth. It was a belief that Christian courtiers were happy to accommodate: the influential eastern bishop Eusebius even addressed a speech to the emperor on the subject.

For twenty-five years from 312 until his death in 337, Constantine lent the Christian Church and its leaders concerted support. The same policy was pursued by his three sons (Constans I, Constantine II, and Constantius II) between whom the empire was divided after him. In 361 the imperial title passed briefly into the hands of the pagan Julian, but he reigned for little more than eighteen months, dying on campaign against the Persians.

As a result, at an official level the Roman state became evermore obviously and aggressively Christian, as emperors began to legislate to Christianize not only the public sphere (by constructing churches or banning public acts of pagan sacrifice), but also the domestic sphere (by seeking to prohibit long-established patterns of behaviour—most obviously marital and sexual—that the leaders of the Christian Church found objectionable).

Accordingly, many members of the Roman governing classes increasingly converted to Christianity in order to curry imperial favour. By the end of the 4th century, it would be clear that Christianity was not just the favoured cult of the emperor (as it had been under Constantine): it had metamorphosed into the official religion of the Roman state.

A new politics

Constantine's renaming of the city of Byzantium in his own honour was, as we have seen, a celebration of victory. But there was more to the foundation of Constantinople than mere self-glorification. The ancient Greek settlement of Byzantium, which Constantine expanded and embellished, offered certain advantages to its new ruler (although as we shall see in Chapter 2, it also presented numerous disadvantages).

It stood at a site of great natural beauty astride strong lines of maritime communication. Crucially, it was within reach of the disturbed Danubian and Persian frontiers. But perhaps most importantly of all, the establishment of a new power base in the east offered Constantine distinct and tangible political benefits that would help to consolidate his new regime.

Beyond the ranks of the Christian Church and clergy, he had no natural base of support in the east, and in Licinius he had deposed and murdered an emperor who had been popular among pagan and Christian alike. In the great cities of the east, hostility to the new regime may have been running high. The foundation of Constantinople had the advantage, therefore, of removing the person of the emperor from an alien and potentially threatening political environment. It enabled him to set about establishing his position in the east in a setting of his choosing and his creation.

At the same time, the creation of Constantinople and the eventual establishment there of a senate afforded Constantine and his dynasty the opportunity to begin to build up a network of well-born and influential clients, who could serve as his representatives, allies, and supporters in the new political conditions in which he found himself.

In order to entrench his political power in the east, it was vital that Constantine establish a personal following and affinity among the leading members of provincial society and the representatives of the new imperial aristocracy of service: the military 'top brass', the chief civil servants, and the proud and haughty landowners who dominated the city councils of the great eastern *metropoleis*. By beginning to draw such people to Constantinople, Constantine sought to co-opt them into his regime.

In order to attract men of influence to his new foundation, we thus see the emperor making grants of land to those building private residences in the city, and, in 332, instituting the regular distribution of bread rations derived from the rich corn supply of the fantastically fecund province of Egypt, which was shipped across the Mediterranean sea-lanes in vast quantities.

The foundation of Constantinople, and the subsequent establishment and expansion of its senate by Constantine's heirs (especially his son Constantius II—who accorded the Senate of Constantinople equal standing to that of Rome), played a vital part in legitimizing and stabilizing the new order.

The aim of this policy was clear: to establish the Constantinopolitan senate and its members as a real and effective point of contact between the imperial court and the provinces, where many of them owned land. The senators were to be the emperor's 'friends', his 'eyes and ears' in the world beyond the 'ruling city'. As the orator and bureaucrat Themistius put it to Constantius II in 350:

> For the emperor who must hear many things, see many things, and at the same time pay attention to many things, his two ears and his two eyes and his body... are very little indeed. But if he is rich in friends, he will see far and will hear things which are not close to him, and he will know what is far off—like the seers—and he will be present at the same time in many places—like a god.

Constantius II (337–61) needed little encouragement: he even granted and auctioned off extensive stretches of prime agricultural land to such people in order to lock them in to the regime. But most importantly, the long-term result of the policies adopted by Constantine and his dynasty would be to draw together members of the aristocracy of service of the eastern Mediterranean into a single political community, increasingly united by a sense of Roman political identity, Greek 'high culture', Christian faith, and, crucially, bound together by the Constantinopolitan focus of their political ambitions. It was this combination (forged in the 4th century) of Roman identity, Greek culture, Christian religion, and devotion to the city of Constantine that would define Byzantium and its civilization for over a thousand years.

Chapter 2
Constantinople the ruling city

Projecting power

Constantine's decision to rule from his new city of Constantinople did not immediately establish his foundation as the official capital of the Eastern Roman Empire. Into the late 4th century, imperial rule could be highly peripatetic, as emperors often travelled long distances to deal with their enemies and rivals in person. Constantine's son and successor in the east, Constantius II, for example, spent much of his time in the city of Antioch in Syria, from where he coordinated efforts to contain the Persian threat. In 357, Constantius also visited Rome, where his resolutely autocratic style and military demeanour left a lasting impression on the crowds who flocked to see him. The contemporary historian Ammianus Marcellinus, for example, recorded the emperor's formal entry (*adventus*) into the city, in a description that epitomizes the style of rule to which the eastern provincials had long been accustomed: 'And it was as if he were planning to overawe the Euphrates with a show of force,' Ammianus writes, 'while the standards preceded him on either side, he himself stood alone upon a golden chariot in the resplendent blaze of various precious stones, whose mingled glitter seemed to form a sort of second daylight.'

Only from the reign of Theodosius I (378–95) was Constantinople accorded the formal status of the sole imperial capital in the east and permanent imperial residence, and in the 6th century the Emperor Justinian (527–65) would refer to it in his laws as the 'ruling city' or the 'queen of cities'. All emperors from Constantine to Justinian, however, invested in the city and contributed to its remarkable architectural development, which transformed it from the small provincial town it had once been, into the supreme stage for the projection of imperial power.

The original Byzantion, like most traditional Greek cities, was focused on its *acropolis*, set on the eastern promontory overlooking the Golden Horn. Next to the acropolis stood the *forum* or *agora*, where much of the town's commercial life had been concentrated. There was also an amphitheatre for gladiatorial and other games.

Constantine and his heirs, however, fundamentally reorientated the city by building a palace complex to the south of the acropolis, which effectively became the city's new beating heart. Adjacent to the palace complex were built the Senate House, the Cathedral Church of Hagia Sophia or 'Holy Wisdom', the imperial basilica where much of the city's legal life would be conducted, a large public bath (the 'Baths of Zeuxippus'), and, crucially, the Hippodrome, where the emperor presided over chariot races for the entertainment of the city's populace.

All of these faced on to a large public square called the *Augustaeum*. The juxtaposition of palace, cathedral, and Hippodrome, in particular, facilitated an intricate interweaving of public and private secular and religious ceremonial activities that would determine the rhythm of the life of the city for centuries to come.

To the west of the *Augustaeum* was the golden milestone (*milion*), from where all distances within the empire were reckoned. Beyond it stretched the main processional route known as the *mese* (or 'middle road') that led through the Forum of Constantine (one of the numerous public squares adorned with statues and monuments with which the city was dotted) to the Capitol. In the middle of the Forum of Constantine stood a porphyry column bearing a bronze statue of the emperor. At the Capitol the road split: to the north-west it extended out to the Constantinian walls of the city, passing the Church of the Holy Apostles that Constantine had ordered to be built as an imperial mausoleum, while the more westerly branch of the road linked the Capitol to the 'Golden Gate', which was the main and formal point of entry into the city (see Map 2).

Again, this effectively created a stage on which ceremonial processions (such as Constantius II's *adventus* into Rome in 357) could be performed, allowing the emperor and his entourage to engage in a display of imperial power while also receiving the acclamations and praise (and sometimes complaints) of his subjects. More so than any other city in the Roman Empire, Constantinople was designed to convey and articulate imperial authority. As a result, it arguably resembled the great 'palace cities' of the Far and Middle East more than it did traditional forms of Greek or Roman urbanism.

Architecturally, the main principle of Constantine's city was predicated upon straight colonnaded streets punctuated by squares. In this respect it had much in common with other eastern cities, such as Antioch, Apamea, or Palmyra in Syria. Where it surpassed all other cities, however, was in terms of the richness with which those squares and other public spaces were decorated, with monuments and objects gathered (or ransacked) from throughout the empire. Constantine, for example, adorned the Baths of Zeuxippus (which were a venue not just for bathing but also for public speaking and debate) with statues in marble and bronze, including three statues of Apollo, three of Aphrodite, two of Heracles, and one of Poseidon, along with twenty-nine statues of characters connected to the Trojan legend (such as Helen, Andromache, and Aeneas). Constantine decorated the

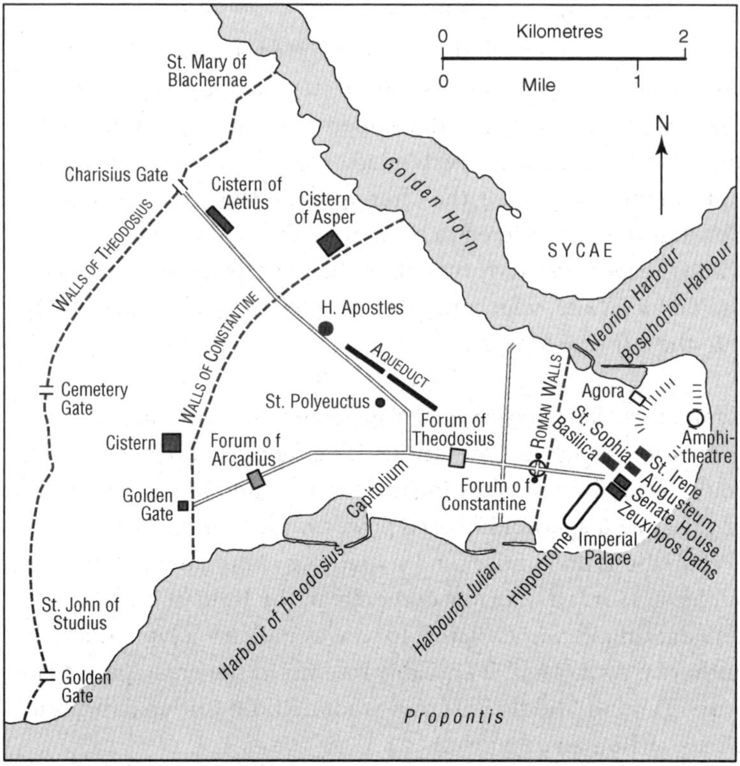

Map 2. Plan of Constantinople.

Hippodrome with further statues of pagan deities, wild animals, and legendary creatures such as sphinxes. Perhaps most importantly, he placed there two monuments associated with military triumph: a statue celebrating Octavian's defeat of Mark Antony at the Battle of Actium, and the Serpent Column from Delphi dedicated to the Greek allies who had defeated the Persians in 479 BC at the Battle of Platea. The Hippodrome was also festooned with images of Alexander the Great, Julius Caesar, and the emperors Augustus and Diocletian. In the Forum of Constantine, the statue of the emperor kept company with a statue of Pallas Athena which was brought from Rome, and other statues on mythological and literary themes.

Sporadic attempts were also made to give Constantinople something of the air of the older Rome. In particular, the Emperor Theodosius I (who claimed descent from the Emperor Trajan) created a reproduction of Trajan's forum in Rome, while his son Theodosius II (408–50) added to Constantinople's six existing hills a seventh (on the model of the city on the Tiber). There are also hints in the sources that houses built for members of the aristocracy replicated Roman architectural and decorative schemes: one 10th-century account, for example, noted of these 4th-century palaces that 'if one beheld their entrance halls and courtyards and staircases, how similar they were in the scale of their design and height to those in Rome, and if one beheld their doors, one seemed in one's imagination to be in Rome'.

At the same time, however, Theodosius I also placed in the Hippodrome a magnificent obelisk from Alexandria, and as more members of the provincial governing classes were drawn to the city, they too are likely to have brought with them their own architectural and artistic tastes that can only have added to the city's already eclectic feel.

In the early 6th century, for example, the fantastically wealthy Roman aristocrat Anicia Iuliana built between the Capitol and the Church of Holy Apostles her own church dedicated to St Polyeuktos. It would seem that, in its style, this church (which no longer stands) was meant to evoke the Temple of Solomon, and drew upon an architectural repertoire of Egyptian origin. As an international centre of political power, the monumental appearance of Constantinople as it took shape between the 4th and 6th centuries was truly (and appropriately) cosmopolitan.

If the blend of architectural and artistic styles that came to characterize the city of Constantinople was unique, so too were certain of the techniques adopted by the city's builders and artisans. While, as we have seen, the location of the ancient Greek settlement of Byzantium possessed many natural advantages, one of its great disadvantages was that it lay on a seismic fault line, and was thus vulnerable to earthquakes.

This almost certainly explains certain oddities of the city's architecture. Compared to traditional Roman building practices, for example, the builders of Constantinople used a much higher ratio of mortar to brick in their constructions (typically something in the order of 2:1). They also built on barrelled vaults, sometimes lining the dead spaces above the springing of the vaults with earthenware jars. Such techniques would have served to give buildings greater structural flexibility in the face of earthquakes, and thus a greater chance of surviving seismic shocks. The structural emphasis on mortar, however, could also make for a rather drab external appearance, thereby giving Byzantine artisans, donors, and patrons an incentive to concentrate instead on the internal splendour and decorative schemes of their architectural projects.

Constantine's city also possessed two further locational disadvantages with which the emperors of the 4th to 6th centuries had to deal. The first was that although the tidal peculiarities of the Bosphorus made the city very hard to attack successfully by sea, it was highly vulnerable to a land assault from the European side and the plains of Thrace. In particular, there were no natural defences to get in the way of any invader advancing from the near side of the Danube or the Crimean Steppe.

The turbulence within the northern barbarian world caused by the rise of the Huns in the late 4th and early 5th centuries thus obliged the imperial authorities to take this matter in hand, and between 404 and 413 the Emperor Theodosius II oversaw the construction of a massive set of triple-level defences (comprising an inner wall, an outer wall, and a moat). These 'Theodosian walls' (much of which still stand, see Figure 2) represented the acme of Roman military engineering, and would prove to be impregnable until the advent of modernity and the invention of gunpowder. An

2. The triple-level Theodosian Walls of Constantinople.

additional set of defences (known as the 'Anastasian' or 'Long Walls') would be added in the late 5th and early 6th centuries, although these proved to be too long for the authorities to be able to man.

It was evidently decided that the Theodosian walls should encompass a considerably greater area of land than had the original Constantinian ones. This decision was probably taken in part with a view to accommodating the city's teeming population, which by the early 5th century may well have outgrown the confines of the Constantinian foundation.

It should be noted, however, that much of the land between the Constantinian walls and the Theodosian ones was, from the very start, turned over to agriculture, thus enabling the city's population to at least attempt to feed itself when besieged. In normal times, much of the population of the city received a free 'dole' of bread, wine, and oil. The bread, as we have seen, was made with grain shipped to Constantinople from Egypt (the East

Roman world's most agriculturally productive region, and thus the 'bread basket' of empire).

The final significant locational disadvantage from which the city of Constantinople suffered (and which besets the modern city of Istanbul to this day) was one of water supply. The city and its immediate environs possessed very little by way of sources of fresh water for drinking and bathing. As a result, gargantuan efforts were made to build an enormous series of aqueducts which snaked out across the Thracian landscape for over 200 kilometres to the west.

Such aqueducts, of course, were highly vulnerable to attack (the Aqueduct of Valens, for example, was deliberately cut off by the Avars when they laid siege to the city in 626). Emperors attempted to remedy this by building a remarkable network of underground and open-air cisterns in which to maintain reserves. The three open-air cisterns built between the Theodosian and Constantinian walls, for example, had a combined capacity of almost one million cubic metres, while the underground cisterns such as Justinian's 'cisterna basilica' or the cistern of Philoxenos (between the Hippodrome and the Forum of Constantine) remain to this day among the most stunning remains of Byzantine Constantinople.

From an early date the city also had a relatively clearly defined social geography, with the houses of the aristocracy, such as those described earlier, and 'grace and favour' residences owned by the crown and issued to the emperor's relatives and favourites, concentrated around the palace complex and to the west of the city (with the more rural zone between the Theodosian and Constantinian walls being particularly well suited to suburban villas).

In general terms, most housing for the ordinary population appears to be have been concentrated to the north-west, near the main commercial zone focused on the Neorion harbour on the Golden Horn, where most wholesale goods were brought in.

To the south of the city, two large artificial harbours were added over the course of the 4th century: the so-called harbour of Julian and the Theodosian harbour. These appear to have been primarily designed to accommodate the ships carrying grain to Constantinople from Egypt, and near the harbours large silos were built to house the grain. The larger the city grew, the more vital such supplies became.

Constantinople probably reached its peak of population in the early 6th century under the Emperor Justinian, when it was conceivably home to some 500,000 inhabitants. Certainly, Justinian complained of the problems caused in the city by migration from the countryside, and concerted attempts were made to introduce population controls. In 542, however, fate intervened, and the city (along with the rest of the empire) was struck by the first known outbreak of bubonic plague. The contemporary historian Procopius was present in Constantinople when the plague first struck, and he describes how at one point it wiped out 10,000 victims in a single day. He also records the digging of mass graves beyond the city walls, and the disposal of corpses in the sea by the Golden Horn, where the currents would have trapped them to rot.

This would have made life for the survivors around the Neorion harbour and the commercial district extremely unpleasant (especially given the contemporary belief that disease was caused by 'bad air'). It should not surprise us, therefore, that from around the middle of the 6th century we see signs of a shift of population to the south of the city, and the development of the harbour of Julian as a new commercial centre. The Neorion, by contrast, became a naval dockyard, and the Golden Horn would not recover its economic significance until Italian merchants negotiated the right to found trading colonies there in the 11th century.

The 6th century also witnessed the final phase in the architectural development of what we might term the 'antique city', driven by political events. The Hippodrome, as we have seen, stood in the political heart of the capital, and the fans who thronged the races and games were divided into four circus 'factions', of which the two most popular were the Blues and the Greens.

These factions were accorded a significant role in the ceremonial life of the city, participating, for example, in imperial coronations, where they represented the voice of 'the people'. They also had certain civic responsibilities and duties delegated to them, such as fire fighting, or helping to man the city walls in event of enemy attack. At the same time, however, they were capable of causing great disruption, not least by periodically engaging in bouts of inter-factional violence and rioting.

Procopius, in his *Secret History*, paints a vivid picture of the lawlessness of the faction members, which included rape, abduction, fashion muggings, and murder. He also describes their outlandish 'Hunnic' hairstyle: cropped at the sides, long on top, and with a 'mullet' at the back. The factions included youths of all classes, and their rioting could be turned to political purposes (especially in return for cash).

In response to a renewed outbreak of inter-factional rioting, in the year 532 the Emperor Justinian had the leaders of the Blue and Green factions arrested. This led the factions to unite against him, in an upsurge of violence which Justinian's opponents in the senate attempted to exploit in order to have the emperor deposed.

Justinian considered taking flight, but was dissuaded by his wife, the indomitable Empress Theodora, who had previously been an actress, and whom Procopius (who hated Justinian) describes as a meddlesome whore. His nerves steeled by his wife, Justinian mobilized his supporters in the army against the mob, and 30,000 rioters are reported to have been cut down in the Hippodrome. Justinian also seized the opportunity to move against his enemies in the senate, thereby consolidating his fragile regime.

The 'Nika' riots as they are known (after the chant of the marauding mob—*Nika!*—'conquer!') not only failed to depose the emperor, but also managed to inflict massive harm on the monumental centre of the capital: the rioters reduced Hagia Sophia to ashes, as well as the nearby church of St Irene, the offices of the Praetorian Prefecture of the East (where, usefully, criminal records and other such documents are likely to have been kept), and many of the others buildings of state around the *Augustaeum*. Significantly, in the wake of the Nika riots, Justinian seized the moment and rebuilt the monumental heart of the city in a spectacular feat of self-glorification, epitomized by his audacious (albeit somewhat slap-dash) rebuilding of Hagia Sophia.

Prior to the rioting, Justinian had commissioned the building of a new church to the south of the palace complex dedicated to the Syrian saints Sergius and Bacchus. This church was meant to serve as a home for Syrian monks and clergy in the city, who had attracted the patronage of the Empress Theodora. In Syria there existed a tradition of domed ecclesiastical architecture, and perhaps by way of an allusion and *homage* to the homeland of Theodora's clients, the Church of SS Sergius and Bacchus was planned and constructed around a central dome. Although it was built a little off-square, it turned out to be a construction of striking elegance and charm, the conception of which may well have inspired Justinian and his architects to choose to reconstruct Hagia Sophia on similar principles (in place of the basilica church which had stood there before), albeit on a massively larger scale (see Figure 3).

Like SS Sergius and Bacchus, Hagia Sophia was built as a domed church. Within a rectangle of 70 × 76 metres, four enormous pillars were positioned to form a square with sides of 30 metres. These pillars supported pendentives 20 metres from the ground, which in turn supported the enormous central dome 30 metres in diameter, soaring to a height of 52 metres.

3. Exterior view of Hagia Sophia with Turkish minarets.

Beyond the central dome-in-square were erected further walls, piers, and columns to support the external walls and provide additional aisles and arcades.

The lower parts of the church were dressed with marble: grey marble paving slabs on the floor, with multicoloured marble on the lower structures. The upper arcades and aisles, by contrast, were decorated with a finely wrought display of carved marble, while the upper walls were adorned with a glittering array of mosaic cubes illuminated by the light shining in through the coloured glass windows, thereby leading the eye (and the mind) upwards to the contemplation of the divine mysteries.

Justinian's Hagia Sophia was constructed remarkably quickly: barely five years elapsed between the Nika riots and its formal inauguration. This necessarily meant that it was something of a rushed job: the empire, for example, had been ransacked for building materials for the project, yet the architects were unable to find enough pillars that matched in terms of size and material to avoid giving it a slightly hotchpotch appearance. Likewise, the vast expanse of patterned mosaics that covered the upper walls were probably deployed because they were cheaper to make and quicker to install than the more elaborate figuratively decorated mosaic alternatives. In the central pendentives, however, were placed four remarkably vivid and palpably potent mosaic images (which have only been uncovered relatively recently), perhaps depicting archangels or similar heavenly powers.

Yet, however hastily executed, the reconstruction of Hagia Sophia was a triumph of both structural and lighting engineering. 'Solomon,' Justinian is reported to have exclaimed upon its completion, 'I have beaten you!' In the 10th century, visitors to Constantinople from the Scandinavian and Slav settlement of Kiev would choose to be baptized into the Orthodox Christian faith of the emperor on the grounds that, in Hagia Sophia, they believed they had seen where God truly dwelled.

The medieval city

The city of Constantinople as visitors would encounter it for most of the Middle Ages was essentially the city as it was left by Justinian. This was partly because no emperor after Justinian would have the economic resources required to build on the scale or with the ambition that the emperors of late antiquity had done. To the medieval and Byzantine imagination, the 'Ruling City' would be characterized by the two greatest features of its late antique landscape: Hagia Sophia and the Theodosian walls. Indeed, images of a dome in a castle almost became a visual shorthand for the city.

The main change that occurred in the years immediately following Justinian's reign is that the Christian character of the city became increasingly pronounced, as new churches proliferated within its walls, relics of the saints from throughout the Christian world were brought to it and, in particular, as a tradition developed that the city of Constantine had been placed under the divine protection of the Mother of God.

This tradition probably originated in the 5th century when a series of Theodosian empresses had encouraged and developed the cult of Mary, but it reached its apogee in 626, during the Avar siege of the city, when the Virgin was believed to have personally participated in the city's defence, and miraculously saved it from the barbarian onslaught. As the hymn of thanks composed by the Patriarch of Constantinople at the time declared,

> Unto you, O Theotokos [*She Who Bore God*], invincible Champion, your City, in thanksgiving, ascribes the victory for the deliverance from sufferings. And having your might unassailable, free us from all dangers, so that we may cry unto you: Rejoice O Bride Ever-Virgin!

With the loss of Jerusalem to first the Persians and then the Arabs in the 7th century, Constantinople also began to be imagined as a 'New Jerusalem', home to the remains of the True Cross that had been smuggled out of the Church of the Holy Sepulchre as the Arab armies had advanced (see Chapter 3).

Another reason, however, why Byzantine emperors after Justinian generally chose not to build on a large scale, is that they probably did not need to. The population of Constantinople, as we have seen, is likely to have peaked under Justinian at about 500,000, before the city was struck by the plague. The bubonic plague continued to return periodically to lay low each new generation for approximately the next two hundred years. Only gradually, from the late 8th century, did population levels begin to rise, until they probably reached something approximating their Justinianic levels under the Comnenian emperors of the late 11th and 12th centuries, before collapsing once more as a result of the destruction wrought in the city by the Latin conquest of 1204, and the advent in the 14th century of the Black Death.

We should probably imagine a population oscillating in terms of size between a height of around half a million under Justinian and the Comnenians, and a low of perhaps as few as 40,000–70,000 under the Isaurian emperors of the 8th century and the Palaiologi of the 14th. In the 7th century, as we will see in Chapter 3, the empire also lost control of Egypt, leading to the cutting off of the grain shipments and the abolition of the free distribution of bread. A resultant crisis in the food supply is also likely to have reduced the city's population.

Certainly, there are signs that the Constantinople of the 7th and 8th centuries was not what it had once been: in 626, as noted earlier, the Avars had attempted to cut off the city's water supply by disabling the Aqueduct of Valens; it was not to be repaired until the reign of the Emperor Constantine V (741–75), indicating that reduced supplies were now sufficient for a diminished population. Likewise, whereas in 542 Justinian had been obliged to bury plague victims in mass graves beyond the city walls, or had cast them into the sea, when, in the mid-8th century, the 'Justinianic plague' (as it is known) struck for the last time, Constantine V was able to bury the dead within the walls of the city. The inference must be that there was now plenty of space for them.

Constantine V's decision to bury the dead within the city walls was also a reflection, however, of changing attitudes to the dead. The Greeks and Romans of old had been determined to keep the living away from the dead: the *polis* was the proper abode for the former; the *necropolis* for the latter. Christianity, however, with its veneration of deceased martyrs at their burial sites and attachment to the relics of saints, had gradually broken down the mental barrier that Roman law and Graeco-Roman *mores* had so strenuously sought to uphold.

Likewise, urban life in Constantinople from the 6th to 8th centuries altered and evolved in directions that were partly determined by objective crises (see Chapter 3), but also by broader processes of cultural change. Life in medieval Constantinople became more private and more focused on the household. At the same time, under the influence of the Church, the inhabitants of the city became less at ease with public displays of nudity, or of burlesque. Accordingly, both the amphitheatre and the great baths (such as the Baths of Zeuxippus, also damaged in the Nika riots) fell out of use.

In a striking reinvention of public space, certain of the monumental public squares of the late antique city were reused in the medieval period as markets for livestock, while the Roman amphitheatre by the old *agora* became an execution ground. As will be returned to in Chapter 6, changing attitudes to art, and the loss of many of the artisanal skills of antiquity, also meant that the statues with which Constantine and his heirs had adorned the city were increasingly regarded with a mixture of suspicion and fear, as the abode of demons rather than symbols of high culture.

Likewise, a recasting of the central institutions of the East Roman state in the 7th and 8th centuries would render obsolete the offices of the Praetorian Prefect and other governmental services, with the nuts and bolts of imperial administration increasingly concentrated within the palace. But the essential contours and appearance of the Christian and Roman city as bequeathed by Justinian remained intact.

As indicated earlier, the influence exerted by the Church and Christian institutions on the urban topography of Constantinople was continuous and cumulative: even in the most straitened of circumstances, emperors continued to build and endow churches, monasteries, and charitable foundations in the city. Importantly, members of the court and the aristocracy emulated such imperial philanthropy, founding churches, monasteries, and charitable institutions of their own (from the 7th century, the imperial aristocracy was more palatine or court-focused in nature, and thus more prone to follow and imitate imperial habits).

Setting aside the world of the palace, by the 10th and 11th centuries Constantinople would be dominated by aristocratic households (*oikoi*) on the one hand, many of them still situated in residences first constructed for the late antique aristocracy from the 4th to 6th centuries, and monastic and ecclesiastical institutions founded by imperial and lay benefactors on the other.

Both the aristocratic households and religious institutions derived income from shops and warehouses in the city, as well as extensive estates in the provinces beyond, especially in Thrace, Macedonia, and western Asia Minor. In structural, economic, and even architectural terms, these aristocratic and ecclesiastical *oikoi* were broadly similar (the latter perhaps unsurprising given that many monasteries, such as that of St John of Stoudios between the Constantinian and Theodosian walls, had originated as aristocratic residences or villas). As St Symeon the New Theologian put it at the time (addressing an ecclesiastical audience):

> What is the world and the things of the world? Listen! It is not gold, not silver, nor horses, nor indeed mules; all these things, which minister to the needs of the body, we too acquire. Not bread, not meat, not wine, for we too partake of these and eat sufficiently. Not houses, not baths, not villages or vineyards or estates, for religious institutions (*lavrai*) and monasteries consist of such things too.

Members of the Byzantine aristocracy evidently founded such religious institutions both out of piety and with a view to the afterlife. Such acts of generosity, however, were also advantageous for other reasons. Roman and Byzantine aristocrats had long been interested in trying to ensure the dynastic survival of their families by seeking to prohibit their heirs from giving away or selling their property to non-relatives. Roman and Byzantine law, however, made this very hard to achieve: Justinian, for example, had decreed that such conditions on heirs could only last for three generations. What the law did permit, however, was for aristocratic donors to found monasteries and other religious institutions, endowing them with lucrative investments and estates, on condition that such monasteries guaranteed their descendants (in perpetuity) a fixed share of their revenues.

One reason why founding religious institutions became so popular in Byzantium, therefore, and why the medieval city of Constantinople became so physically and institutionally dominated by monasteries, was because they were the closest thing that Roman and Byzantine law got to 'trust funds'. Donors could look after the posthumous fate of their souls as well as arranging for the future prosperity of their descendants. For both aristocracy and Church, it was a fortuitous combination.

Order and disorder

The medieval city of Constantinople remained commercially vibrant and culturally cosmopolitan. In the 12th century, for example, when population levels were once more returning to something approximating to their Justinianic height, the city was able to provide itself with corn through largely commercial channels.

Likewise, despite the ever closer identification between 'Roman' and 'Christian' identity in the Byzantine imagination, the city remained home to a large Jewish population. By the 10th century there also existed a colony of Muslim Arab merchants, who were permitted their own mosque, while, in the 11th century, as noted earlier, the area around the Golden Horn became home to colonies of Italian merchants (from Venice, Genoa, Pisa, and Amalfi), who would come to play an increasingly important role in the economic life of the empire. Since the 7th and 8th centuries, moreover, many of the highest offices of state had come to be held by men of Armenian and Caucasian origin.

Constantinople continued, therefore, to be the bustling, cacophonous, polyglot centre of power and exchange it had always been. As the Byzantine poet John Tzetzes famously wrote around the middle of the 12th century: 'among Scythians you will find me a Scythian, a Latin among Latins, and among all other nations as if I were one of their race... I address proper and suitable words to everyone, knowing that this is a sign of the best conduct'.

The main changes the city saw around the time that Tzetzes wrote were that the establishment of the Italian trading colonies served to revive a region of the city that had gone into relative economic decline in the 6th century, while, under the Comnenian emperors, the imperial court made less use of the old palace complex by the Hippodrome, and moved to a palace in the Blachernai district to the north-west. This was in much closer proximity to the city walls, and thus allowed emperors greater oversight of the city's defences at a time of mounting military danger.

In Byzantine imperial ideology, emperors were obliged to maintain order (Greek, *taxis*), in emulation of God's benign ordering of the cosmos. Nowhere was this more of a challenge than with respect to the imperial capital itself, where the population seemed always on the brink of getting out of control.

In Justinian's day, as we have seen, the emperor was obliged to contend with mass immigration from the countryside and the violence of the circus factions. His laws also reveal him attempting to regulate the seedier side of city life: cracking down on people traffickers who lured country girls into the great city with promises of shoes and fancy food only to force them into prostitution, or passing laws against homosexuality ('pederasty') and actors, actresses, and prostitutes who chose to dress up as monks, priests, and nuns for the titillation and amusement of their audiences and clients.

It is striking that the only people known to have been punished for homosexual acts under Justinian were bishops, while Procopius records that North African clergy resident in the city were caught consorting with its whores. The city was evidently less 'holy' than official propaganda allowed, and less pious than the wave of monastic foundations might otherwise suggest.

The moral character of the city's populace did not necessarily improve in the post-Justinianic era: a double-sided relief sculpture held by the Archaeological Museum in Istanbul, for example, which has been dated to around the 11th century, appears to depict a priapic bear with a chain round its neck and a naked man wearing a dog mask. For whom, or for what purpose, this sculpture was made must remain a matter of speculation. In almost any context, however, it would seem distinctly odd.

Nor was bad behaviour unknown even at court. The Byzantines (like the ancient Romans before them) enjoyed being entertained, for example, by jesters called *grylloi*, who would cavort suggestively wearing little more than a floppy hat and typically carrying two sticks. In particular, such *grylloi* would expose and wobble their rears to entertain the crowd. According to one (admittedly hostile) source, the dissolute Emperor Michael III (842–67, also known as 'the Drunkard') befriended one such clown and persuaded him to sit next him in the imperial throne room or *Chrysotriklinos* dressed as the Patriarch of Constantinople. When Michael's mother, Theodora, entered the room, she duly knelt before him and asked the supposed patriarch to say a prayer on her behalf. The jester responded to the pious widow's request by turning his rear towards her and emitting what the author describes as 'a donkey-like noise from his foul entrails'.

The urban population also remained prone to rioting: an uprising directed against the Italian colonists in 1182, for example, served to fatally poison relations between the Comnenians and the West. Ensuring plentiful food and supplies remained the key to keeping the population happy and rallying them behind the ruling emperor.

The Patriarch Nicephorus, for example, who despised the 8th-century Emperor Constantine V (741–75) for his opposition to religious images or 'icons', complained that his reign was remembered among the common people as an era of plenty, characterized by cheap food, when in fact it was a time of 'plagues, earthquakes, shooting stars, famines and civil wars'. Yet, he continued, 'these utterly mindless lower animals brag and boast loudly about those "happy days", they say, of abundance'. What could one expect of such people?

> Most of them don't even know the names of the letters of the alphabet and despise and abuse those who set store by education. The roughest and rudest of them are short even of the necessities of life; they couldn't so much as feed themselves for a single day, coming as they do from the crossroads and alley-ways.

Indeed, it is striking that one of the few offices not abolished (or even substantially reformed) amid the reconfiguration of Byzantine administration in the 7th and 8th centuries was that of the Urban Prefect of Constantinople, whose responsibility it was to maintain order in the city. He was also charged with overseeing its food supply and regulating what might be thought of as the 'commanding heights' of the Constantinopolitan economy.

This emerges with particular clarity from a text dating from either the late 9th or early 10th century called the *Book of the Prefect* (*Eparchikon Biblion*), a set of guidelines issued to the Urban Prefect concerning those Constantinopolitan guilds responsible either for the handling or production of food, commercial services, and money, or the supplying of goods needed for ceremonial purposes by the imperial court.

Thus we find regulations relating to bakers, grocers, fishmongers, dealers of either home-produced textiles or textiles imported from the Muslim east, *perfumiers*, dealers in soap and wax, salesmen of incense, pork butchers, lamb and beef butchers, as well as legal notaries, bankers, and money changers. And these were only the trades that were of particular interest to the imperial authorities, over which they were keen to exercise supervision and control. One should imagine a much broader swathe of largely unregulated commercial activity beyond this.

It is also evident that livestock and other commodities (such as timber) were moved vast distances from throughout the empire to reach the market in Constantinople. Even the ceremonial rhythm of the court was calibrated to coincide with the rhythm of the city's food supply. A 10th-century compilation of imperial rituals known as the *Book of Ceremonies* records, amid the processions whereby the emperor and his entourage criss-crossed the city, the protocols to be followed when a formal visitation was paid to the grain silos of the *Strategion*.

When it came to feeding the city, nothing could be left to chance, nor, it would seem, to trust. As the *Book of Ceremonies* records: 'It is also necessary for a surveyor to follow closely behind the emperor, so that if he wants to be satisfied whether so much grain really is stored there, the surveyor can measure whatever places the emperor inspects and tell him the truth'. Only when the emperor was fully reassured could the procession move on.

Chapter 3
From antiquity to the Middle Ages

Containing the crisis

In the late 4th century, the Roman Empire had come to be divided into two parts, each (for the most part) with a separate ruler: the Eastern Empire (comprising Greece, Asia Minor and Anatolia, Syria, Palestine, and Egypt) and the Western Empire (consisting of Italy, Gaul, Britain, the Iberian peninsula, and Africa), with the dividing line between the two parts running through Illyricum in the Balkans.

In the early 5th century, however, the empire as a whole came under sustained military pressure from the Huns and various Germanic peoples from beyond the Rhine and Danube. This pressure was especially pronounced with respect to the empire's western provinces, which bore the brunt of barbarian invasion and were progressively lost to central imperial control, such that, by the early 470s, the Western Empire barely extended beyond Italy.

In 476, the last western Roman emperor, Romulus Augustulus ('the little Augustus') was deposed by the Gothic general Odoacer, who wrote to Constantinople informing the imperial authorities there that there was now longer any need for an emperor in the west.

In place of a unifying trans-Mediterranean Roman hegemony, therefore, by the end of the 5th century autonomous kingdoms had emerged in Italy, Spain, Gaul, and Africa under Gothic, Frankish, Burgundian, and Vandal overlordship. Roman control was even lost in Rome itself.

While the leaders of some of these regimes (such as the Burgundians in Savoy) continued to pay lip service to the concept of overarching imperial suzerainty emanating from the seat of the remaining Roman emperor in Constantinople, others, such as the Vandals, openly defied the imperial court, and pointedly contested the emperor's claims to universal authority, while, at the same time adopting, at their own courts, an increasingly imperial style of rule. In Spain and southern Gaul, for example, the Gothic regime (assisted by Roman courtiers) began to revise and update Roman law with respect to property and other sensitive issues, thereby infringing upon what was deemed to be an imperial prerogative.

To add insult to injury, the Goths and Vandals also publicly rejected what had become the imperially sanctioned definition of the Christian faith. The Christian community in the age of Constantine had been wracked by theological disputes. Accordingly, in 325, at the city of Nicaea, Constantine had convened the first council of the Church as a whole (an 'Ecumenical Council'), both to resolve issues concerned with the governance of the Church and also to settle the main theological dispute, as to whether, within the 'Holy Trinity' of God the Father, God the Son, and God the Holy Spirit, the Father and Son were equal and coexistent through all time. A subsequent council was convened in 381 by Theodosius I to clarify the same issue.

These councils had denounced the teachings of a 4th-century churchman from Alexandria, known as Arius, who had argued for the superiority of God the Father. The barbarians, by contrast, sided with Arius, during whose period of theological ascendancy they had first been evangelized, and whose doctrinal stance allowed them to distance themselves further from Constantinople.

The demise of Roman power in the west and the emergence of the post-Roman successor kingdoms thus constituted a direct challenge to the authority of the remaining Roman emperor in Constantinople, who claimed to be the sole heir to Augustus, with rightful jurisdiction over all territories that had once been Roman. This fact was not lost on political circles in Constantinople in the early 6th century, where the disparity between the emperor's theoretical claims to universal authority and his evident powerlessness over much former Roman territory helped to generate an outpouring of political speculation and debate as to the nature of the imperial office.

At the same time, political tensions in Constantinople in the early 6th century are likely to have been heightened by a number of other threats and issues that loomed on the horizon. In the 5th century, largely peaceful relations had been established between the East Roman Empire and Persia. The rulers of both these empires had felt themselves to be threatened by the Huns, and accordingly they had cooperated against the barbarians in their midst. It was probably the negotiation of this peace with Persia that had enabled the East Roman Empire to surmount the crisis of the 5th century.

The early 6th century, however, had seen the revival of warfare between the empires. In 502, the Persians had launched what was perceived from Constantinople to be an entirely unprovoked assault on Roman Syria. While the Persians had eventually been persuaded to withdraw their forces in return for the payment of tribute, warfare had been costly and can only have served to excite a deep sense of insecurity on the part of many of the inhabitants of the empire's eastern provinces and those who owned land there, including high-ranking members of the senate in Constantinople. Through this senatorial connection, perceived military weakness on the fringes of Syria had a profound impact on political conditions in the imperial capital.

The revival of warfare with Persia also carried with it other, more far-reaching implications. For it meant that emperors had no choice but to upgrade the empire's military capacity and defensive infrastructure. Each of these required money, and money meant taxation (it has been estimated, for example, that the Roman army received somewhere in the region of one-half to two-thirds of all tax revenues collected by the Roman state).

Yet effective taxation was something that, since the mid-4th century, Roman emperors had found it increasingly difficult to achieve. As seen in Chapter 1, the 4th century had witnessed the emergence across the Roman world of a new imperial aristocracy of service, whose members had come to dominate both the highest offices of the state and also, increasingly, local landed society. Although their highly productive estates helped fuel economic growth, from a fiscal perspective, this would prove to be a highly ominous development.

Late Roman taxation was primarily levied on the land and those who worked it, and the ascendancy of the new aristocracy of service meant that a growing share of the land was passing into the ownership of individuals who, by virtue of the governmental positions and connections that they enjoyed, were especially well placed to evade the taxes to which their estates were liable (and which they were often charged with collecting).

From the late 4th century, tax evasion on the part of such landowners can be seen to have become a growing cause for concern on the part of emperors, who also expressed mounting anxiety at the willingness and ability of such landowners to flout other aspects of imperial law by, for example, suborning imperial troops to serve as private armed retainers on their estates, or illicitly building prisons on their properties with which to intimidate and cajole their workforce. The revival of warfare with

Persia in the early 6th century served to increase the pressure on the imperial government to address this situation by seeking to strengthen the writ of the emperor and his law in the provinces.

The undermining of imperial authority was intensified by one further development. The Council of Constantinople in 381 had effectively closed down debate within the imperial Church with respect to Trinitarian theology. As a result, theologians and churchmen began to debate the relationship between the human and divine in the person of Jesus Christ, who was meant to be both fully human and fully divine. This debate over 'Christology' had become increasingly heated as a result of the claim of an early 5th-century Patriarch of Constantinople by the name of Nestorius, who had denied that the Virgin Mary (who was emerging as the city's patron) should be called the 'Theotokos' ('She who Bore God') as she could only have given birth to the human Jesus.

Nestorius had been deposed, but his opponents in the Church in Syria, Egypt, and elsewhere (led by Cyril, Patriarch of Alexandria) felt that the Christological definition established at the resultant Church Council at Chalcedon in 451 had given too much ground to those who were determined to draw sharp distinctions between Christ's human and divine natures, and accordingly they had rejected it. The decrees of such ecumenical councils, however, carried the status of imperial law. To gainsay them was thus not only to resist the will of God but also the will of the emperor.

Each of these challenges to imperial authority elicited a determined response during the early years of the reign of the Emperor Justinian, whose period in office would prove to be a watershed in the evolution of the Byzantine world. The reforms initiated by Justinian in the period from *c.* 527–44 must be viewed as a whole. Like the dome of his great monument in Constantinople, the Church of Holy Wisdom, or Hagia Sophia, the overarching concept of the reassertion of imperial dignity was dependent upon the supporting substructures of a disorientatingly diverse range of policies encompassing religion, the law, provincial administration, fiscal policy, and imperial ideology.

Justinian's first priority was to reassert imperial control over the religious lives of his subjects. Among the first acts of the new emperor in the years 528–9, were measures instituting the concerted persecution of surviving pagans among the upper classes, as well as heretics and homosexuals. Likewise, the year 532 saw the first of Justinian's repeated efforts to reconcile the pro- and anti-Chalcedonian elements within the Church. This attempt combined an apparently genuine effort to establish a theological position with which all could concur, with a ruthless determination to punish and exclude those individual bishops who had led resistance to the imperial authorities.

At the same time, the emperor sought to provide an ideological justification for the active part he was determined to play in the religious life of his subjects. More explicitly than any emperor before him, Justinian asserted that the authority of the emperor and that of the priesthood derived from a common divine source. Imperial ceremonial adopted an increasingly religious tone, emphasizing the unique place of the emperor at the intersection of the divine and earthly hierarchies of power.

This determined effort to reposition the emperor at the heart of the religious life of his subjects proceeded alongside an attempt to reassert imperial control over the secular structures of government. Between 528 and 534 Justinian's advisers reformed and codified the civil law of the empire. The inherited legal framework was remodelled to serve contemporary needs, and the emperor was established, for the first time in Roman tradition, as the one and only legitimate source of law. The person of the emperor was, Justinian decreed, 'the law animate'.

As the new legal framework of the empire took shape, so too, in 535, did Justinian attempt to render recourse to the law on the part of his subjects more practicable. Between 535 and 539, Justinian legislated on the administrative and governmental structures of no fewer than seventeen provinces, in an attempt to make governors less prone to the corrupting blandishments offered by the patronage of aristocratic landowners and to secure the collection of vital tax revenues. As Justinian declared in 539 in his edict on Egypt, tax evasion on the part of city councillors, landowners, and imperial officials threatened 'the very cohesion of our state itself'.

Such a concerted series of reforms was bound to elicit internal opposition, not least on the part of those aristocratic interests to whom active imperial rule was by no means a necessarily attractive option. The first and most dramatic expression of discontent erupted in the year 532 with the Nika riots (see Chapter 2), which the emperor crushed amid the horrific bloodbath in the city's Hippodrome.

At the same time Justinian took an aggressive stance towards the empire's rivals to the east, north, and west. Justinian invested heavily in the empire's defensive infrastructure along its Persian frontier and in the Balkans, and sought to extend the empire's influence among the peoples of the Caucasus and Arabia, using missionary activity and conversion as well as subsidies and force of arms to draw them into an increasingly Constantinopolitan orbit.

Militarily, the eastern and northern frontiers were Justinian's chief concerns. Nevertheless, in the 530s the emperor took advantage of political instability in the Vandal kingdom of North Africa and the Ostrogothic regime in Italy to attempt to restore direct Roman rule over these territories. In many respects, a bit like the reconstruction of Hagia Sophia, these were campaigns on the cheap: only some 15,000 or so men were sent to North Africa, and it is unlikely that there were ever more than 30,000 troops engaged in active service during the long drawn-out Italian campaign.

These western forays were, nevertheless, successful. North Africa fell in 533–4, and Italy was conquered between 535 and 553. In the early 550s, Justinian's armies were even able to establish a foothold in southern Spain. These victories did much to restore the empire to a position of political, ideological, and military dominance in the central and western Mediterranean (Map 3).

From the beginning of the 540s, however, the mood of ambition and confidence that had characterized the first fourteen years of Justinian's reign began to give way to a rather more sombre attitude. There appear to have been a number of reasons for this. First, in spite of Justinian's aggressive stance towards Persia, the Sasanians were still capable of breaching the empire's eastern defences. In 540, the Persian Shah Khusro I was able to obviate Roman defences in Mesopotamia and sack the city of Antioch, an event which left a deep impression on the contemporary Procopius, who wrote that he 'became dizzy' when he attempted to report the calamity.

Second, from the late 550s the imperial position in the Balkans was undermined by the arrival to the north of the Danube of a powerful nomadic group fleeing political and military instability on the Eurasian Steppe. Forced westwards by the expansion to the north of the Caucasus and the Black Sea of the Western Turk Empire, a people known as the Avars came to establish themselves in the Danubian basin. Although Justinian was initially able to incorporate the Avars into his tribal policy, their arrival was ominous.

Perhaps more crucially, Justinian's internal, fiscal, and religious policies themselves began to falter. It was becoming increasingly evident that the dispute over Chalcedon was an essentially insoluble one. In 553, at the Second Council of Constantinople, Justinian's theologians did in fact piece together a formula that ought to have addressed the concerns of all parties concerned. By this stage, however, the tradition of conflict over Chalcedon was so

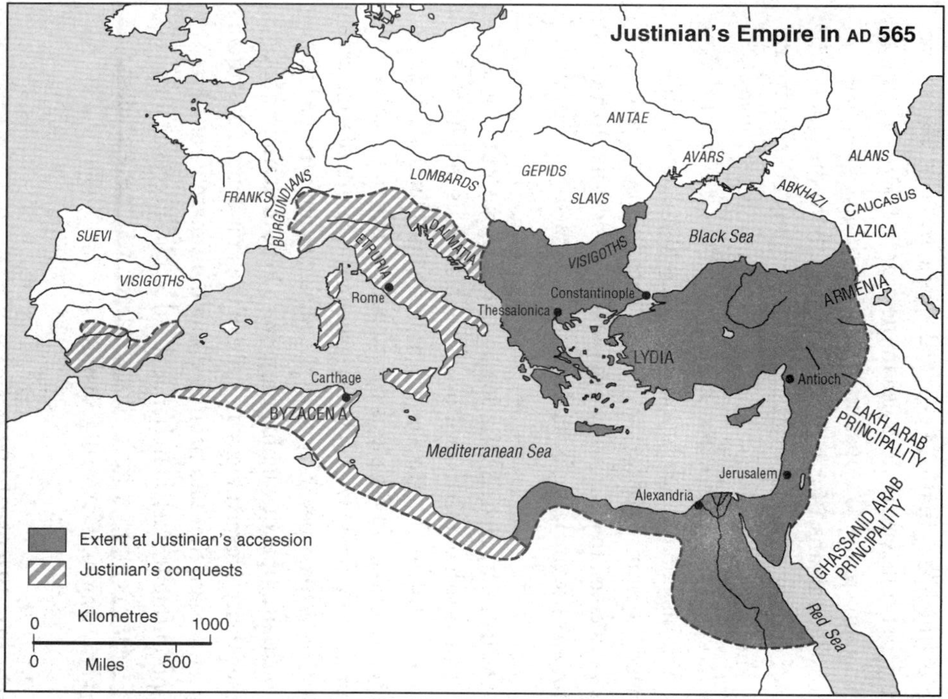

Map 3. Justinian's empire in 565.

ingrained in the minds of the participants that few were interested in restoring peace to the Church.

But above all, in the 540s, as we have seen in Chapter 2, the empire was dealt a body blow with the advent of the bubonic plague, which, originating in central Africa, reached the empire for the first time via the Red Sea in the year 541. From Egypt, the plague soon spread to Constantinople, Palestine, Syria, Asia Minor, the Balkans, North Africa, and Italy. Both the cities of the empire and their rural hinterlands were severely affected by the initial impact of the disease and its subsequent recurrences. The population of the empire may have been reduced by a third. Not only did this mean much human misery, it also dramatically reduced the number of taxpayers on whom the state could rely. This in turn led to administrative paralysis, and a number of Justinian's provincial reforms had to be reversed.

In 565 Justinian died. As the court poet Corippus put it: 'the awesome death of the man showed by clear signs that he had conquered the world. He alone, amid universal lamentations, seemed to rejoice in his pious countenance'. The memory of Justinian (Figure 4) was to loom large in the minds of subsequent generations of emperors, just as the physical monuments built in Constantinople during his reign were long to dominate the medieval city. Nevertheless, in spite of the grandeur of Justinian's project, a reign that had promised much ultimately ended in disappointment. Justinian bequeathed to his successor, Justin II (565–74), an empire which, though larger, was, nevertheless, markedly fragile and fiscally unstable.

Heraclius and holy war

This fiscal instability in particular was to do much to undermine the reigns of Justinian's successors and limit their ability to meet increasingly pressing military needs. Justin II declared upon his accession that he 'found the treasury burdened with many debts

4. Mosaic panel from San Vitale, Ravenna, depicting the Emperor Justinian (6th century).

and reduced to utter exhaustion'. The emperor was consequently unwilling, or unable, to continue the subventions by which the empire had secured the support of its allies in northern Arabia, as well as, more recently, the Avars in the Balkans.

The consolidation of Avar power to the north of the Danube rendered Justinian's policy of 'divide and rule' less and less effective. Both Slavs and Lombards attempted to flee Avar domination, entering into imperial territory in the Balkans and Italy respectively. Between 568 and 572 much of northern Italy fell to the Lombards. In the 580s, a number of cities in the Balkans from Thessalonica to Athens suffered repeated Avar and Slav attacks, the Avars concentrating on the plains to the north, the Slavs taking advantage of mountainous highlands and forest cover to strike and settle ever further south. As military pressures mounted, financial crisis deepened. In 588, military pay was reduced by 25 per cent, leading to a major mutiny on the empire's eastern frontier.

In the year 602, imperial forces were campaigning against Slav tribes beyond the Danube. The reigning Emperor Maurice (581–602) ordered that the troops continue the campaign into the winter. The emperor was already unpopular within military circles due to his economizing, and the Danubian army erupted into open revolt under the leadership of an officer by the name of Phocas. The army marched on Constantinople, slaughtered Maurice and his family, and elevated Phocas to the imperial throne, in the first successful *coup d'état* since the accession of Constantine.

The fall of Maurice and the accession of Phocas (602–10) saw the empire's descent into a protracted civil war. The Persian Shah Khusro II seized upon this opportunity to strike deep into Roman positions in the Caucasus and Syria. By 610 the Persians had reached the Euphrates, while by 611 they were advancing into Anatolia. These dramatic Persian victories catalysed and were facilitated by further political instability. In particular, in 610 the son of the governor of Africa, Heraclius, arrived outside the imperial capital at the head of a fleet, intent on overthrowing Phocas. The emperor's supporters rapidly deserted him and Heraclius (610–41) thereupon was crowned.

The Persians took advantage of Roman disarray to complete the conquest of Syria and Palestine. In 613 Damascus fell, while in 614 a victorious Persian army entered Jerusalem, where, amid much general slaughter, the remains of the True Cross were seized and sent off to Persia. By 615, a cowed Constantinopolitan senate was willing to sue for peace. A high-ranking embassy was dispatched to Khusro II. The Shah was addressed as 'supreme emperor', and Heraclius was described as the Shah's 'true son, eager to perform the services of your serenity in all things'. The senate was willing to acknowledge the Persian Empire as superior to that of Rome, and the Roman emperor as the Shah's client. Khusro's response was forthright. The ambassadors were executed. No mercy was to be shown. Persia was determined to eliminate its ancient imperial rival.

The Persians were now ready to initiate the conquest of Egypt. In 619, Alexandria fell, and within the year the entire province would appear to have been in Persian hands. All that now remained was for the Persians to resume the advance into Anatolia and make their way to Constantinople. The Persians were now applying inexorable pressure on what remained of the empire. Heraclius was faced with a stark choice: he could either wait for the Persian grip to tighten, fighting a series of rearguard actions which offered little chance of ultimate success, or he could throw caution to the wind and take battle to the enemy. Heraclius opted for the latter.

Between 615 and 622 the emperor had instituted a series of crisis measures aimed at maximizing the resources at his disposal. Official salaries and military pay had been halved and governmental structures overhauled. Churches were stripped of their gold ornaments and silver plate and the wealth of the cities was drained. These funds were used to attempt to buy peace with the Avars in the west, and to elicit the support of the Christian population of the Transcaucasus and the occupied territories. This effort was reinforced by a religious propaganda drive, emphasizing the horrors associated with the fall of Jerusalem, and playing upon the apocalyptic sensibilities that were a pronounced feature of the day. At the same time, the emperor set about organizing an intensively trained infantry force versed in the tactics of guerrilla warfare and enthused with religious fervour. A concept of Christian 'holy war' against the Persian infidel came to be enunciated.

There was little point in Heraclius attempting to engage the superior Persian forces on open terrain. Rather, the emperor realized that his best hope would be to head north, to the highlands of the Caucasus, where he would be able to request reinforcements from the Christian principalities of the region, and where a small, highly mobile army might yet outwit a numerically preponderant foe.

In 624 Heraclius departed from Constantinople. Advancing up the Euphrates, the Romans marched into Persian Armenia, laying waste to a number of cities as they went, and destroying the premier fire-temple of the Zoroastrian religion of the shah*s* at Takht-i-Suleiman as explicit vengeance for the massacring of the Christians of Jerusalem. Soon thereafter Heraclius issued his summons to the Christian lords of the region, while also sending an embassy to the Turks to the north of the Caucasus, in an attempt to negotiate an alliance with the formidable steppe power.

Repeated attempts by the Persians to pin down and trap Heraclius in the mountains and valleys of the Caucasus failed. Accordingly, in 626 the Persians attempted to draw him out by launching a joint attack with the Avars on Constantinople. As seen in Chapter 2, however, the Avar siege failed (supposedly thwarted by the personal intervention of the Virgin Mary). Heraclius, moreover, had failed to take the bait, and had continued to nurture his Caucasian alliances.

It was now that the emperor activated the alliance with the Turks. In 627, a joint Roman and Turk army stormed Persia's northern defences between the Caucasus and the Caspian and pressed south to the Zagros mountains in the heart of Persia. The Turks then returned north, but Heraclius pressed on until he was able to bear down upon the Persian capital at Ctesiphon, reducing the wealthy estates and towns around it to ash and rubble in emulation of the 'scorched earth' tactics that Khusro II's armies had adopted in Asia Minor.

Among military and court circles in Ctesiphon panic set in, and on 24 March 628 notice reached Heraclius that Khusro II had been deposed in a coup and was dead. The negotiations that ensued restored the True Cross to Jerusalem and Roman control to the Near East. As the victory dispatch to Constantinople announced: 'fallen is the arrogant Khusro, the enemy of God. He is fallen and cast down to the depths of the earth, and his memory is utterly exterminated.'

Restoration and collapse

The Eastern Empire was thus restored, or at least it was to some extent. The imperial concentration on the east, for example, had led to a further dramatic weakening of its position in the Balkans. Although the Avar confederacy lay in ruins in the aftermath of the defeat of 626, not only the highlands, but increasingly the lowlands of the Balkans were coming to be settled by autonomous Slav tribes.

The cities of Anatolia and Asia Minor had been exhausted by the financial exertions of warfare. Many of them stood in ruin as a result of Persian attack. In Syria, Palestine, and Egypt, the reassertion of imperial control at this point must have been largely nominal. Long-standing traditions of government had been dislocated and were yet to be restored. However, before any such restoration could take place, the empire found itself faced with a new challenge from its extended and largely undefended Arabian frontier.

The rivalry between Rome and Persia of the 6th and early 7th centuries had involved both empires in a series of military and diplomatic dealings with the Arab tribes to their south. This involvement within the region on the part of the great powers would appear to have sparked off what some historians have characterized as a 'nativist revolt' among elements within Arabian society, whereby they united against foreign interference, while appropriating certain of the creeds and ideas that had been brought into Arabia from the outside, and in the process forging an autonomous religious and political identity.

The Arabs had been told, for example, by Christian missionaries and Jews that they were descended from Ishmael, first-born son of the Biblical Prophet Abraham, whom Abraham had cast out into the desert. Likewise, they had learned from the same sources that the world was in its last days, and divine judgement was imminent. These, and other more heterodox ideas, swirled around in a syncretist milieu that proved to be fertile ground for the emergence or acceptance of new systems of belief, and new forms of political affiliation.

In particular, in the 620s the tribes of Arabia had come to be united under the leadership of a religious leader originating from Mecca known as Muhammad ('the blessed one'). Muhammad preached a rigorously monotheist doctrine, strongly influenced by apocalyptic trends within contemporary Christianity, and by Messianic fervour among the Jews of the region.

Divine judgement, he preached, was indeed imminent, and all were to submit themselves to the will of the one God. In particular, all Arabs were to set aside their inherited religious traditions and political rivalries and embrace the new faith. In return, Muhammad declared, as descendants of Abraham's first-born son, Ishmael, God would grant the Arabs mastery over the Holy Land that He had promised to Abraham and his seed forever. Perhaps influenced by propaganda disseminated during the course of Heraclius' struggle against Khusro II, this return to the Holy Land was to be achieved by means of holy war.

Muhammad is said to have died around the year 632, but his creed lived on, and the community of believers that he established (known as the *Umma*) rapidly filled the power vacuum in northern Arabia, southern Syria, and southern Iraq created by the exhaustion of the two great powers and the consequent collapse of their clientage networks among the Arab tribes.

From 633/4, Roman Palestine suffered savage Arab incursions that combined the massacring of the rural population with assaults on towns and cities. Although the size of the Arab armies would seem to have been relatively small, the imperial authorities were evidently in little position to offer effective resistance. Intelligence as to the nature of the Arab threat appears to have been limited, while the rapid advance of the Arab line of battle gave the imperial forces little time to regroup.

Faced with such a situation, a number of cities in the Transjordan, Palestine, and Syria simply capitulated: Jerusalem was probably taken by the end of 635 (though many sources give a later date), while in 636 a large Roman army was decisively defeated near the Yarmuk River in northern Jordan. Thereafter, conquest was swift, as retreating Roman forces were pursued into Egypt. The weakness of the Roman response led the invaders to campaign ever further afield, such that the Persians too soon felt the brunt of Arab assaults, and by 656 their empire was no more.

Only as they found themselves forced back into Anatolia and Asia Minor were the East Roman commanders able to begin to stem the enemy advance. The civil strife of the early 7th century and the years of warfare with Persia had clearly inflicted lasting damage.

When, in 641, Heraclius died, the empire was collapsing around him once more. The eastern Roman Empire of Byzantium now faced its second great struggle for survival, one which was to dominate its early medieval history.

The end of the ancient world

Islam as a religion and the Arabs as a people were themselves the products of late antiquity, and, in particular, of the political and religious conditions that had come to prevail in northern Arabia by virtue of mounting East Roman and Persian rivalry. At the same time however, the Arab conquests of the early 7th century effectively destroyed the ancient world by sweeping away the political polarity of Rome and Persia on which it had come to rest.

The East Roman Empire in the 640s was in a state of political, military, and demographic collapse (the latter by virtue of repeated bouts of the bubonic plague), and was too exhausted for the emperors Constans II (641–68) and Justinian II (685–95 and 705–11) to roll back the enemy tide even when two outbreaks of blood-letting and civil war within the nascent Islamic empire appeared to present the opportunity. Unlike the Persian Empire, however, Byzantium survived, and it did so largely through a remarkable assertion of statecraft.

The reigns of Justinian and Heraclius had already revealed evidence for considerable political and cultural creativity in the East Roman state. Justinian's programme of legal reform and interventions in the development and formation of Church doctrine, for example, had effectively recast the imperial office and broken down the remaining barriers between civil society and the realm of belief. His was, to all intents and purposes, a confessional state, in which religious and political identity were fused. Heraclius' 'holy war' rhetoric had elevated this development to a higher level of imaginative reality.

It is under Heraclius, for example, and in propaganda produced on behalf of his court, that we first encounter the concept of the city of Constantinople as a New Jerusalem, and of the empire's pious citizens constituting a New Israel. The emperor declared himself in Greek to be *basileus*, the term used in the Greek Bible to describe the kings of the Old Testament. At the same time, Heraclius' reign had witnessed remarkable creativity and daring in military and strategic thinking, with the adoption of guerrilla tactics against the Persians, and the outlining of a 'grand strategy' for imperial survival through alliance with the dominant nomad power on the West Eurasian Steppe.

In the reign of Heraclius' successors in the 7th and 8th centuries, this creativity would become even more pronounced, and the emergent tendencies of the earlier era would come to be set in stone. The concept of the Byzantines as a New Israel was at the forefront, for example, of propaganda disseminated by the Emperor Justinian II, in whose reign the fusion between Roman and Christian identities was forcefully expressed by his decision to mint gold coins bearing a foreboding image of Christ 'King of Kings' (Figure 5).

In particular, the emperors of the period oversaw the root and branch reform of the empire's administrative system: the late Roman offices of state, such as the Praetorian Prefecture of the East, on which the empire had depended, were simply swept away, as was the regimental structure of the old Roman army and its system of provisioning and supply. Instead, the army was divided into new units called 'themes' (*themata*), the rank-and-file within which were eventually rewarded partly with a cash wage, and partly with a military landholding (*stratiotikon ktema*) which the soldier's family could farm and which he could pass on to his heirs in return for military service. Emperors thus harnessed the economic interests of an emergent soldier peasantry to secure the survival of the state.

The old units of provincial administration were abolished, and instead the empire was divided into new territorial divisions

5. Gold coin of the Emperor Justinian II depicting Christ 'King of Kings' (late 7th century).

initially called *strategiai*, each allocated to the defence of a specific 'thematic' army. Eventually, these new territorial units likewise came to be known as 'themes', within which all civil and military responsibility was entrusted to the commander or *strategos*. The militarization of the Byzantine administration was associated with the fortification of cities from which the *strategoi* governed, which came increasingly to be known as military camps or *kastra*.

The person of the *strategos* was directly answerable to the emperor and his court, and received regular inspections from imperial agents styled *logothetai*, who were the emperor's eyes and ears in the provinces. As a result, the core territories of the Byzantine Empire of the late 7th and 8th centuries were probably the most tightly administered regions anywhere to the west of China (Map 4).

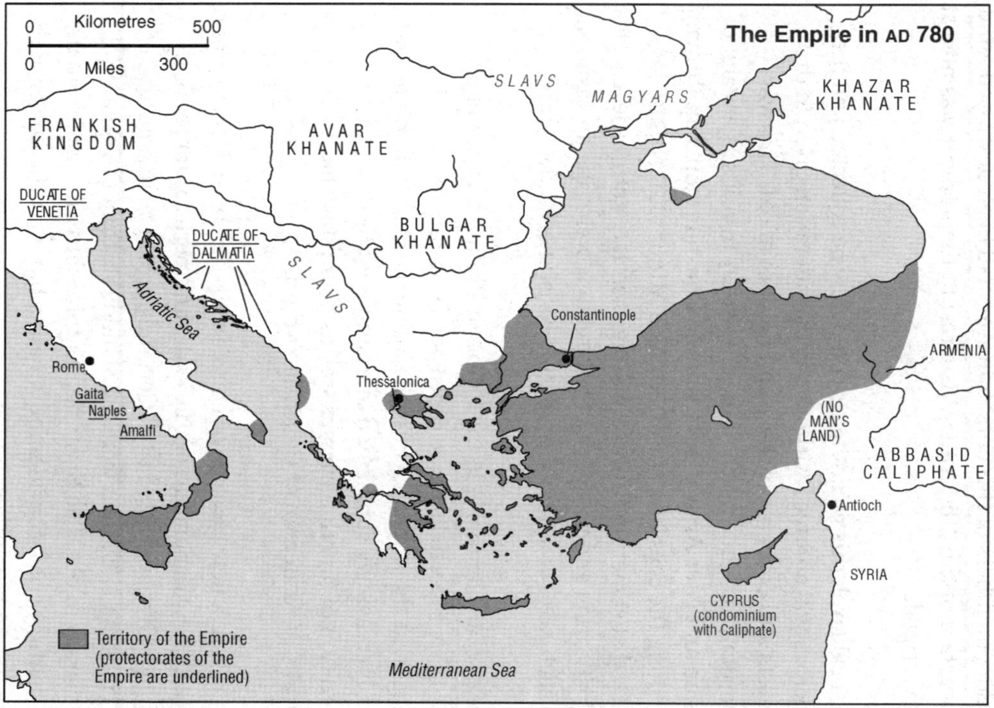

Map 4. The empire in 780.

This assertion of Byzantine statecraft was also partly the result of social processes. Provincial society in the age of Justinian, as we have seen, had been dominated by members of the essentially Constantinian aristocracy of service. The fortunes and properties of many members of this elite, however, had been destroyed amid the warfare of the 7th century. As a result, their power was now at best vestigial.

At a local level, this meant taxes could now be collected and the emperor's will enforced without any consideration given to the interests and concerns of the grand families of old. This was important, for while much of the empire lay in ruins as a result of Persian and later Arab attacks, around Constantinople, in Bithynia and along the coastline of western Asia Minor local economies survived at something approximating their late antique levels of sophistication and prosperity. Such regions were ripe for taxation, and such taxes could fund Byzantine resistance to the Arabs.

Likewise, although in 713 the Emperor Philippikos Bardanes (711–13) is reported to have dined with senators of ancient lineages, at the imperial court the influence of such families had been increasingly supplanted or assimilated by that of a new generation of functionaries, as well as by military hardmen typically of Armenian or Caucasian origin.

As a result, a new palatine or court-focused elite took shape, more economically dependent on the state, and perhaps more ideologically committed to it. Certainly, from the perspective of the emperor, such men were more biddable than the senatorial aristocracy of old. The Byzantine Empire thus emerged from its 7th-century crisis considerably smaller, but with the power of the emperor significantly enhanced.

Chapter 4
Byzantium and Islam

Defining the enemy

By the end of the 7th century, it was evident to the Byzantine authorities that the Arab conquests were no 'flash in the pan' and were not simply going to be rolled back through the creation of a Heraclian style 'grand alliance'. Rather, a new superpower rival had replaced Persia, and was applying constant pressure on what remained of the East Roman Empire in Anatolia and Asia Minor, launching yearly raids from the Arabs' main military bases in Syria.

Indeed, in 654 and 717 the Arabs even managed to lay siege to Constantinople itself, while in 674 an attempt to land armies on the coastline of Asia Minor was only repelled with the aid of the empire's new secret weapon of 'Greek fire', which had been introduced to the Byzantine high command by a Christian refugee from Syria.

But how were the Byzantines to make sense of their new opponent? During the initial phases of the Arab conquests of the 7th century, the armies of the *Umma* appear to have comprised not only Arab tribesmen who had been called to monotheism through the preaching of Muhammad, but also a certain number of Arab Christians and north Arabian Jews. This made the religious character of the armies difficult for outsiders to categorize or identify. This situation was exacerbated by the fact that Islam itself was, at this point, a relatively inchoate movement, not yet fully defined against what are now sometimes termed the other 'Abrahamic' religions of Christianity and Judaism.

Accordingly, some contemporary observers assumed the Muslims essentially to be Jews (not an illogical assumption given that they claimed to worship the God of the Old Testament in accordance with Mosaic law, while also denying the divinity of Christ). Others, such as the 8th-century Orthodox theologian and monk John of Damascus, regarded Islam to have originated as a Christian heresy. Again, such a position was perfectly understandable, given that the Muslim *Qur'an* can be seen to adopt a stance with respect to a range of issues, such as the divinity of Christ and the Crucifixion (both of which it denies, while at the same time according great respect to the figure of Mary and acknowledging the Virgin Birth), which are paralleled in contemporary forms of heterodox and Gnostic Christian thought. From a Byzantine perspective, Islam appeared derivative.

From an early date, Byzantine observers and critics of Islam also identified Muhammad's preaching with respect to religious justifications for violence as a key characteristic of the movement. This was perhaps ironic, given that the Islamic doctrine of *jihad* was taking shape at around the same time as the Emperor Heraclius was advocating a concept of holy war against the infidel Persians, and promising direct entry to paradise to those who died in defence of the faith. But to the end of the Middle Ages, Byzantine perceptions of Islam remained essentially the same: that there was little that was novel or original to the teachings of Muhammad save for the ferocity of the violence that he espoused. As the Byzantine Emperor Manuel II Palaiologus (1391–1425) put it: 'Show me just what Muhammad brought that was new, and there you will find things only cruel and inhuman, such as his command to spread by the sword the faith that he preached.'

With the stabilization and consolidation of Muslim rule over the Near and Middle East, however, the contours of the new religion began to become more clearly defined. A crucial role in this process was played by the caliphs of the Umayyad dynasty who ruled over the Islamic empire as a whole from the late 7th to the middle of the 8th century. From their court at Damascus, the Umayyads both personally directed the *jihad* against Constantinople, and presided over formal disputations between Christian, Jewish, and Muslim scholars that helped to give greater definition to the faith. They also gave greater public visibility to their religion by building magnificent monuments such as the Great Mosque in Damascus and the Dome of the Rock in Jerusalem, and by placing the name and, it would appear, possibly even image of Muhammad on their own gold coinage, which was meant to replace the actual or mock Byzantine coinage in circulation in the former Roman territories over which they ruled.

In response to this reform of the currency, the Emperor Justinian II, as noted in Chapter 3, began to mint gold coins bearing the image of Christ King of Kings. At Damascus, the reigning Caliph Abd al-Malik hit back by drawing upon earlier Jewish critiques of Christian practice to denounce the Christian veneration of religious images (and the emperor's new coinage) as idolatrous and in breach of the Second Commandment against 'graven images'. In doing so, the caliph had for the first time established opposition to religious images as a cornerstone of the Islamic faith, and it is striking that henceforth all coins issued by the caliphate were entirely non-figurative in design.

Rivalry and emulation

The dispute over religious images that became a feature of Byzantine–Islamic rivalry at the end of the 7th century is instructive as it epitomizes the extent to which, from that point onwards, the struggle for mastery of the Near East was increasingly fought on an ideological plane and in competition over a shared symbolic universe framed by the Old Testament, with reference to which both Byzantine emperors and Islamic caliphs sought to justify themselves.

At the same time, the new Arab rulers appropriated and laid claim to elements of the Roman ideological and architectural inheritance. The Dome of the Rock in Jerusalem, for example, is highly reminiscent of contemporary Byzantine ecclesiastical architecture, while the Great Mosque in Damascus is built according to Roman architectural principles and was decorated with exquisite examples of mosaics made from materials sent from Constantinople by way of diplomatic gift. Furthermore, by claiming to be God's Deputy (*khalifat Allah*), Abd al-Malik and his heirs were essentially appropriating the claim that Roman and Byzantine emperors had long been making with respect to the nature of their own authority.

Emulation, however, was a two-way street. From the 690s, as we have seen, the caliphal authorities in Damascus had denounced the Christian veneration of images or 'icons' (Greek *eikones*) of Christ, Mary, and the Saints as idolatrous and in breach of the Second Commandment. There are some indications that the Caliph Yazid II (720–4) may have taken this policy further by ordering the destruction of such images within Christian places of worship under Muslim rule and the whitewashing of churches. Significantly, the early 8th century was also a period of mounting military and political crisis in Byzantium, which many interpreted as evidence that the empire had lost divine favour, and although an Arab siege of Constantinople had been driven back in 717–18, this sense of foreboding was intensified in 726 when a devastating volcanic eruption occurred on the island of Thera.

This loss of divine favour had to be explained. Earlier generations of Byzantines would have accounted for it in terms of Christological heresy, but the Christological teachings of the imperial Church at this point were those that had been established by the Emperor Justinian in the 6th century. From the perspective of the 8th century, Justinian was a manifestly successful ruler whose orthodoxy could not be impugned. Moreover, most of those who had opposed the official definition of the faith now lived in a state of captivity under Muslim rule in Syria and Egypt—hardly a sign of divine approval. Rather, some in court, ecclesiastical, and military circles seemingly decided that perhaps the Muslims had a point, and that the cause of divine displeasure was the Christian veneration of icons.

This sentiment appeared to be confirmed in 727, when a rampaging Arab army failed to take the city of Nicaea, where Constantine the Great had convened the first Ecumenical Council in 325. It was reported that during the course of the siege, a Byzantine soldier (also named Constantine) had thrown a stone at and trampled on an image of the Virgin. Accordingly, some credited the survival of the city to Constantine's intervention (which we know of only through a later, garbled, and hostile account).

Soon thereafter, the Emperor Leo III (717–41) issued an edict declaring that 'the making of icons is a craft of idolatry: they must not be worshiped'. Interestingly, Leo (who had already attempted to regain divine favour by forcibly baptizing Jews) would be denounced by his critics as 'the Saracen-minded'. The official line was then hardened considerably by Leo's son and successor Constantine V (741–75), known in later hostile sources as 'Copronymous' ('shit-named'), who in 754 convened a Church Council at Hieria to put theological flesh on the bones of Leo III's edict. He thereby initiated a struggle over the place of images within the Byzantine Church known as 'iconoclasm' or 'iconomachy'.

Those engaged in this struggle did not have a lot of theological material with which to work. From what we can ascertain, images had played a role in Christian worship since the very earliest days of the Church. They are attested, for example, in the early Christian churches excavated in Dura Europos in Syria, as well as in the catacombs of Rome. From the 6th century, however, religious images had come to play a growing role in the public religion of the empire, and icons were paraded through the streets in imperial ceremonials, or carried into battle in the hope of eliciting divine support.

But at the level of 'popular religion', the veneration of images was already an established fact, and significantly the early use of such images had attracted almost nothing by way of hostile comment on the part of Christian authors at the time, least of all those writing in Greek. They clearly were not regarded as a problem. As a result, neither the anti-icon (or 'iconoclast') party, nor the pro-icon (or 'iconodule') faction had much pre-existing theological literature to fall back on. The iconoclasts thus had to rely at the end of the day on the Second Commandment, while the iconodules essentially had to fall back on the existing traditions of the Church.

What arguably gave iconoclasm political traction was that those emperors most strongly associated with it (Leo III, but especially Constantine V) proved to be highly effective militarily, leading to a particularly strong attachment to iconoclasm on the part of the military rank-and-file. In 787, for example, an attempt to convene a Council to revoke iconoclasm initially had to be abandoned when the meeting was broken up by soldiers loyal to both the memory and theology of Constantine V.

Only as the correlation between military victory and iconoclast theology began to break down over the course of the late 8th and early 9th centuries could the veneration of images be officially rehabilitated, leading in 843 to the so-called 'Triumph of Orthodoxy' whereby iconoclast policy was formally and finally rescinded. Although the scale and extent of the actual destruction of images in this period can be exaggerated, debate over their place in worship would leave a deep imprint on the Byzantine religious and artistic tradition (to which we shall return in Chapter 6).

It should be remembered, however, that the debate had originally been generated by tensions resulting from Byzantium's interaction with Islam. As the phenomenon of iconoclasm reveals, the development and evolution of Byzantium across the 8th, 9th, and 10th centuries was driven above all by the pressing need to contain and respond to the Islamic foe.

A frontier society

For much of this period, the nature of the warfare fought by the Byzantines against the Arabs was rearguard and defensive. Once the Arabs had established effective suzerainty over the lands of the Caucasus by the late 7th century, there was little the Byzantines could do to prevent large-scale incursions. Via their control of Armenia in particular, the Arabs established mastery of the vital east–west passes that gave them open access to the Anatolian plateau. The Byzantines were effectively obliged to fall back on techniques of guerrilla warfare that had first been honed by Heraclius against the Persians.

The eastern frontier between Byzantium and Islam was dominated by mountains. With the exception of the soft, lowland underbelly of Asia Minor, often taken advantage of by the Arab raiders of Tarsus, the undulating plains of Anatolia and the prosperous Arab-held cities which followed the course of the Euphrates were separated by a vast range of mountains, extending from the volcanic highlands of Armenia southwards. Stretches of this mountainous terrain stood more than 4,000 metres above sea level, while the bulk of the range loomed at between 150 and 2,000 metres.

Controlling access across these mountains was thus the first military priority. This could be secured, the Byzantines realized, by relatively small numbers of troops, and mountain passes termed *kleisourai* were fortified to ambush an invading foe, although the Byzantines eventually realized that it was easier to strike at the Arabs as they attempted to return back to the caliphate from imperial territory laden with booty and encumbered by captives than it was to attempt to contain them in the early phases of an attack.

On either side of the mountains lay the plains. These were arid and dusty in the summer and bitterly cold in winter, meaning that the campaigning season was essentially limited to the spring. The relatively narrow campaigning season meant that the Arab armies tended to consist primarily of light cavalry, which the Byzantines attempted to contain with largely locally raised infantry units of the thematic armies. During periods of Arab invasion the civilian population was evacuated to mountain strongholds as well as vast subterranean citadels. Thus the treatise 'On Skirmishing Warfare' attributed to the Emperor Nicephorus II Phocas (963–9) advises that one should 'Evacuate the area well and find refuge for the inhabitants and their flocks on high and rugged mountains.' Likewise, the 10th-century Arab poet Muttanabi describes Byzantine civilians 'Hidden in the rocks and their caves, like serpents in the heart of the earth.'

The scale of the Arab attacks could be massive. In the 8th and 9th centuries, caliphs such as Harun al-Rashid, who could draw upon the resources of the entire Muslim world, would enter Byzantine territory with up to 100,000 men. The Byzantines at this time might have had about that many troops in total in the entirety of their empire. For the Byzantines in this period, to be able to summon 20,000 soldiers for the purpose of a single campaign was pretty exceptional. Direct confrontation with this united Islamic world thus could be of little avail. Rather, the empire was obliged to fight a long drawn-out war of attrition until the Islamic world itself began to fragment.

The world of the frontier was not, however, a closed one penetrated only by marauding armies during the campaigning season. Even during the 7th and 8th centuries, a considerable amount of trade is likely to have crossed the frontier. Certainly, exchange on a high level, regulated by the Byzantine and Arab authorities, is amply attested in our sources.

Until Justinian II's minting of the imperial gold coinage with the image of Christ on it at the end of the 7th century, the Byzantine authorities appear to have supplied the Arab frontier zones with gold coinage and bronze for the minting of low-denomination issues. In return for this, according to our Islamic sources, the Muslims supplied the Byzantines with papyrus from Egypt. In the 10th century, as we have seen, Arab traders (especially in textiles) are recorded to have been resident in Constantinople, and a great deal of Byzantine–Arab trade was also conducted (albeit largely by Armenian middlemen) at the Black Sea trading post of Trebizond.

Beyond such 'high-level' and regulated transactions, there are also likely to have been autonomous patterns of exchange that developed at the grass roots of frontier society. As already indicated, the frontier was not an impermeable one, and consisted more of shaded areas of control rather than discrete territorial blocs. Given the nature of the frontier, in spite of differences of religion and the experience of warfare, it would only have been natural for the inhabitants of the Byzantine zones of control and those of the Muslim ones (many of whom remained Christian) to form reciprocal relations.

In particular, the great economic prosperity of the cities under Arab control would have acted as a magnet to those wishing to sell goods or seeking employment. The Arab historian Ibn al-Atir, for example, recorded that in the year 928 around 700 Byzantines and Armenians arrived in the Arab-held city of Melitene with pickaxes, seeking employment as labourers. It is, perhaps, less significant that these 'workmen' transpired to be Byzantine soldiers in disguise, than it is that this was regarded as convincing cover.

Moreover, by the 10th century society in Byzantium's eastern marchlands had come to be dominated by families of magnate warlords often of Armenian, Caucasian, or even Christian Arab descent, who had led local resistance to the invaders. In terms of culture and *mores*, such families had much in common with their Armenian, Kurdish, and Muslim Arab counterparts in enemy-held territory. There were close similarities, for example, in architectural style between elite residences in Byzantine Cappadocia and those in Arab-ruled northern Syria. Such marcher families were capable of forging cross-border alliances: a number of Arab warlords, for example, are recorded to have defected to Byzantium, while in 979 the eastern magnate Bardas Skleros fled to the caliphate when he failed to depose the Emperor Basil II.

There was also a market in brides that spanned the frontier zone. Thus the mythical hero of a tradition of Byzantine heroic poetry set in the world of the eastern marchlands, Digenis Akrites, is attested to have been of mixed parentage, half-Roman and half-Arab (his name literally meaning 'half-caste' or 'of double ancestry'). The literary and archaeological evidence combined, therefore, would suggest the gradual emergence of a relatively fluid frontier society, characterized by strong economic and personal ties that transcended the political and religious divide.

The vicissitudes of war

From their capital at Damascus, the caliphs of the Umayyad dynasty such as Abd al-Malik had effectively run what could be termed a '*jihad* state', the primary focus of which was the active pursuit of warfare against Byzantium. In the middle of the 8th century, however, the caliphate was torn apart by a civil war which witnessed the downfall of the Umayyads and their replacement by a new dynasty known as the Abbasids, who primarily drew their support from the formerly Persian territories to the east, where conversion to Islam had been at its most rapid, and where the decision of the Umayyads to levy taxes on Muslim converts which were only meant to be paid by Christians, Jews, and Zoroastrians had led to rising tensions.

As a result, the Abbasids chose to rule not from Syria, but rather from Iraq, in much greater geographical proximity to their natural centres of support. From their new capital at Baghdad, the Abbasid caliphs would survey a political horizon that looked east to Afghanistan and India, and north to the Caucasus, the Caspian, and the Steppe, as much as it did west to Byzantium. Consequently, the *jihad* against Constantinople ceased to be of the same order of priority to the caliphal authorities, and pressure on Byzantium's eastern frontier gradually began to ease.

Moreover, the Abbasid revolution of the mid-8th century also set in motion a more general process of fragmentation within the Islamic world. While North Africa and Spain (which had been conquered in the late 7th and early 8th centuries) remained loyal to members of the Umayyad clan, separate, free-standing regimes emerged in Egypt and elsewhere, where ongoing conversion to Islam among the subject populations allowed rulers and ruled to increasingly identify with one another, facilitating the emergence of more regionally focused power blocs, which continued to pay lip service to caliphal authority while operating with a growing degree of independence.

A further vicious struggle for power within the Abbasid heartland of Iraq at the end of the 9th century would leave the regime effectively hollowed out from within, meaning that, from then on, Byzantium no longer had to contend with a united Islamic foe on its eastern frontier. Rather, the leadership of the *jihad* against Constantinople increasingly passed to frontier commanders such as the *emirs* of Aleppo. Although volunteers from throughout the Muslim world continued to flock to northern Syria to participate in warfare against the infidel, such commanders were typically reliant on much smaller armies than the massed caliphal ranks of old. By virtue of this ongoing fragmentation of the Islamic world, therefore, the balance of power on the ground began to shift in favour of Byzantium.

A relative stabilization of military conditions on Byzantium's eastern frontier first becomes apparent in the reign of the iconoclast emperor Constantine V (and helps to explain in part his reputation for military success). The East Roman authorities initially took advantage of the easing of pressure to the east to engage in further internal reform, and to begin to reassert imperial control over mainland Greece and the southern Balkans (on which see Chapter 5).

At the same time, the new military circumstances permitted Byzantium the opportunity not only to contain but increasingly to surmount its 7th-century crisis. No longer disturbed by almost annual raids, the empire's urban and agrarian economy began to show signs of renewed vigour, while the final fading away of the bubonic plague from the reign of Constantine V onwards allowed population levels once more to begin to rise.

The *kastra*—the fortified military redoubts from which the *strategoi* or generals of the themes had exercised their authority—increasingly became the locus for bustling market fairs (*panegyreis*) which helped to stimulate agricultural and artisanal activity in the surrounding countryside. This facilitated a return to a higher level of monetization within the economy more generally. Soldiers who hitherto had received a cash bonus from the emperor only once every three or four years now received a yearly cash wage, further catalysing economic growth and the beginning of a return to late antique levels of sophistication in the more war-torn parts of the empire where it had been lost.

The increased sophistication of the Byzantine economy evident from the late 9th century was mirrored in the administrative and military spheres. The number of provincial themes was increased, allowing for still tighter administration, and within the themes there is evidence for the reassertion of the authority of civil magistrates. An administrative system that had initially been forged in the blistering heat of the struggle for military survival was now increasingly settling down into more regular, less crisis-driven ways. The less the military situation came to be predicated on the needs of defensive guerrilla warfare across much of western Anatolia and Asia Minor, the more the thematic infantry armies of these regions seem to have taken on an increasingly 'home guard' quality, morphing into local militias, perhaps mobilized periodically for occasional exercises, but less and less experienced in active warfare.

By the late 9th century the military and political fragmentation of the Islamic world was such that Byzantine emperors could seriously consider going on the offensive, and beginning to claw back territory that had last seen Roman banners under Heraclius and his dynasty. Such campaigns of territorial aggrandizement were best served primarily by cavalry rather than infantry forces.

The origins of this expansionist phase in Byzantine–Arab warfare can be traced back to the year 863, when a formidable Arab force was routed at Poson on the Halys river in Anatolia. From that moment on, Byzantine military endeavours appear to have taken on an ever-more aggressive aspect. By the early 10th century, Byzantine armies led by members of the eastern magnate families, characterized by their knowledge of the local terrain and with generations of accumulated experience of Byzantine–Arab warfare behind them, were ready to begin to advance into Armenia and Arab-held territory in Cilicia and northern Syria. Thus in the 930s the Byzantine general John Curcuas led victorious Byzantine forces into the cities of Melitene and Samosata, and began to strike beyond the Euphrates.

In 961 the Emperor Nicephorus Phocas (who himself belonged to an eastern marcher family) conquered the strategically vital island of Crete. By 965 Tarsus had fallen to the Romans and Cyprus had been annexed, while in 969 Antioch and Aleppo were conquered. By the time of the accession of Basil II in 976, Byzantine control extended into Syria, where the Emperor John Tzimisces (969–76) had led imperial forces in 975.

Soon Byzantine power would be projected northwards to the Caucasus with the annexation of Georgia (1000) and Armenia (1022), while to the west the empire would eventually eradicate the Bulgar state (1001–18), which had emerged in the northern Balkans in the aftermath of the collapse of Avar power in the 7th century, and which had seriously contested Byzantine control even over the immediate Thracian hinterland of Constantinople. In 1038 the Byzantines were able to prise Messina in Sicily from the Arabs, signalling a strengthening of the remaining imperial position in southern Italy.

By the early 11th century, therefore, Byzantium had staged an impressive comeback and was once more what it had last been at the end of the 6th century: the greatest power in Christendom. This had been achieved by ensuring that territory was clawed back from the Arabs in a gradual and piecemeal fashion, one city and its hinterland at a time.

Emperors appear to have been alert to the fact that it was primarily the disunity of their opponents that had presented them with the opportunity to expand once more and regain rightfully Roman territory. In particular, they avoided striking at prestige targets such as Baghdad or Jerusalem even when these prizes were potentially within reach, perhaps for fear that in doing so they would unite the Islamic world in a concerted *jihad* for which the Byzantines knew they would be no match. After four centuries of near constant warfare with the forces of Islam, the empire knew its foe too well to make that sort of error. Like all pugilists punching above their weight, emperors had to ensure that their blows were carefully targeted.

Chapter 5
Strategies for survival

History and diplomacy

Given the depth of the crisis into which Byzantium had been plunged by first the Persian and then the Arab conquests of the 7th century, the empire's ability to surmount its early medieval crisis, and to begin to reassert imperial power to both east and west by the early 10th century, is striking testimony to the effectiveness, pragmatism, and creativity of Byzantine statecraft at this time. In particular, the imperial authorities had managed to rapidly reorientate themselves in a fast-changing strategic landscape, and alter diplomatic and military priorities accordingly.

This ability had first been demonstrated at the end of the 4th century, when the authorities in Constantinople had found themselves faced with the threat posed by the Huns. The Huns appear to have originated in China, and from the mid-4th century had migrated westwards across the West Eurasian Steppe (the plains and grassland stretching from Manchuria to western Ukraine). They were remarkable horsemen and specialized in the use of a light composite bow which they deployed to deadly effect.

Although such steppe nomads were familiar to the Chinese, who had long ago learned to fear them, the late 4th century was the first time the Romans had ever encountered such a foe. They responded, as we have seen, by rapidly negotiating a peace with Persia, and by investing on a massive scale in the defences of Constantinople. But they also responded by analysing the Huns and attempting to learn from them by, for example, acquiring mercenaries with similar cavalry skills and emulating Hunnic forms of archery.

The Romans rapidly worked out that nomadic empires such as those of the Huns and the other steppe people who came in their wake in the 6th and 7th centuries (such as the Avars and Turks) were primarily held together by the prestige of the ruling *khagan* and the fear with which he was regarded by his subjects. All one had to do, Byzantine military handbooks of the 6th century had advised, was fight such foes to a standstill, and their power would rapidly collapse. This maxim had been vividly demonstrated before the walls of Constantinople in 626, when the failure of the Avar siege had led the *khagan*'s Slav conscripts to desert.

The Byzantines had emerged from the 5th and 6th centuries, therefore, with a keen appreciation of the empire's strategic sensitivity to developments on the West Eurasian Steppe, and the need to have allies in place to contain or contest the military pretensions of any new steppe power that emerged. Thus the imperial authorities were careful to maintain garrisons to act as 'listening-posts' on the Steppe in the northern Caucasus, and in Cherson and Crimea on the Black Sea.

Heraclius, as we have seen, had also identified in the dominant power on the West Eurasian Steppe a solution to his Persian crisis. It was a critical misfortune for the empire that the power of Heraclius' Turkic allies had waned at just the moment when they were needed against the Arabs. Nevertheless, emperors from the late 7th century were careful to ally themselves with the Khazars, whose empire replaced that of the late antique Turks to the north of the Caucasus and eastern Ukraine, thereby preventing the

Arabs from being able to advance across the region and strike at Byzantium from the Western Steppe and northern Balkans. Only the destruction of the Khazars by the descendants of Viking settlers known as the Rus' in the late 10th century would bring that alliance to an end, thereby unwittingly opening the way to the Islamicization of the northern Caucasus.

Likewise, the Byzantine authorities had analysed the power of the new barbarian kingdoms of the west, and correctly diagnosed the dynastic nature of power within them. Thus Justinian had struck at Vandal Africa, Ostrogothic Italy, and Visigothic Spain at moments of disputed succession to the throne, when such king-focused societies were at their weakest, and Byzantine rulers of the 8th, 9th, and 10th centuries would be keen to elicit diplomatic and military support by negotiating royal marriages for themselves and their kin.

When Byzantium's great western rivals of the era, the Carolingians and Ottonians, who had contested Byzantine authority in Italy and the Adriatic, themselves fragmented along dynastic lines, the imperial authorities were again primed to take advantage of the situation. What this shows is that, even though many of the offices of the Byzantine state had changed dramatically between the 6th century and the 10th, a tradition of analysis had been maintained, and was consistently deployed to the empire's military and political benefit.

This tradition was most clearly expressed in a fascinating work originating from the court of the Emperor Constantine VII (913–59) known as the *De Administrando Imperio* (or [Treatise] 'On How to Run the Empire'). The preface to the work is composed in the emperor's voice and it is dedicated to his son, the future Emperor Romanus II (959–63). Its purpose, Constantine declared, was to explain to the prince 'in what ways each foreign nation has power to benefit the Romans, and in what ways to harm them, and how and by what other nation each in turn may be encountered in arms and subdued'. The text itself is a compilation of extracts from historians and imperial biography, intelligence reports concerning foreign powers related back to the imperial authorities by eyewitnesses and merchants, and largely legendary accounts of migrations and former dealings between Byzantium and its neighbours aimed at emphasizing imperial claims to authority, alongside antiquarian details concerning Roman monuments meant to back these up.

At the same time, the treatise provides a relatively up-to-date account of imperial policy with respect to the Christian princes of the strategically crucial region of the Caucasus (i.e. Armenia and Georgia) and an analysis of how the major contemporary powers on the West Eurasian Steppe, the Danubian basin, and in the northern Balkans (Khazars, Rus', Pechenegs, Magyars, and Bulgars) related to and, crucially, could be turned against one another.

Thus, the work advises,

> to the Bulgarians, the emperor of the Romans will appear more formidable, and can impose on them the need for tranquility, if he is at peace with the Pechenegs, because the said Pechenegs are neighbours to those Bulgarians also, and, when they wish, either for private gain or to do a favour to the emperor of the Romans, they can easily march against Bulgaria... and overwhelm and defeat them.

Should they be unreliable, however, we are told, 'the Uzes can attack the Pechenegs'. As ever, 'divide and rule' was perceived to be the key to imperial survival.

The legacy of antiquity

Byzantium's ability to punch above its weight diplomatically was also enhanced by certain of its other inheritances from late antiquity. First, in the 6th century the empire had learned (above all with respect to the Caucasus) how conversion to imperial Christianity could be used to draw neighbouring peoples into an increasingly Constantinopolitan orbit. This lesson was not lost on emperors of the medieval period, who made concerted efforts to ensure that first the Serbs and Slavs settled in and around Greece, and then the Bulgars and Rus' (the latter with their capital at Kiev) adopted Christianity in its Byzantine form.

Those Slavs resident in Greece appear to have been evangelized in Greek, and thus became Hellenized in the course of their conversion (which proceeded alongside the restoration of direct imperial control). The adoption of imperial Christianity by the Bulgar *khagan* Boris (who took the baptismal name of Michael) in 864 had to be more carefully handled, as the Franks were also attempting to persuade him to embrace Christianity in its Latin form, and thereby to draw him into an anti-Byzantine Frankish axis. The imperial authorities responded by allowing Boris to establish an autonomous Bulgarian Church, with its own patriarch, and to receive a liturgy and Bible in the predominant language of his subjects (Old Church Slavonic). These texts originated in the work of two missionary brothers from Thessalonica, SS Cyril and Methodius, who were the favoured agents of imperial religious policy in eastern central Europe.

The Rus', whose Tsar Vladimir converted in 989, were, as we saw in Chapter 2, overwhelmed by the ritual, ceremonial, and architectural splendour of Hagia Sophia, such that they believed they had experienced the presence of God. The Rus' leader is reported to have previously considered converting not only to Latin Christianity, but also to Judaism and Islam. The latter, it is claimed, he had rejected on the grounds that 'drinking [alcohol] is the joy of the Rus''. His conversion to Christianity in its Byzantine form served to lock the world of medieval Russia (like that of medieval Bulgaria) into what has been termed a 'Byzantine commonwealth', which allowed for the projection of 'soft power' and cultural influence at times when more direct inducements to cooperation with Constantinople were lacking.

As the conversion of the Rus' reminds us, imperial and religious ceremonial derived from late antiquity could also be deployed to secure tangible political gains. Sources such as the *Book of Ceremonies* and accounts written by foreign envoys record how the imperial authorities sought to manipulate and ritually choreograph diplomatic encounters to convey the full majesty of the emperor and Byzantium's cultural and technological superiority over its neighbours and rivals.

Particular emphasis appears to have been placed in such encounters on the role of the mechanical devices in which the Byzantines excelled. So, for example, in the 10th century the Italian diplomat Liudprand of Cremona records how, when he was presented to Constantine VII, on either side of the imperial throne mechanical lions had roared, synthetic birds chirped, and while he was made to prostrate himself before the dais, the imperial seat was raised on high as if by magic. 'How this was achieved,' he declares, 'I could not imagine'.

Such ceremonial could evidently be highly time-consuming. On a subsequent visit to Constantinople, Liudprand's conversation with the Emperor Nicephorus Phocas had to be cut short. As Liudprand writes 'At that moment a bell sounded. "It is past seven o'clock", said Nicephorus, "and there is a church procession which I must attend."'

Whatever the burden it imposed, however, such ceremonial formed an essential component of the Byzantine ideological arsenal. It was an important element of the accumulated resources of prestige and *savoir faire* that distinguished it from all other contemporary powers with which it found itself in direct conflict (with the possible exception of the Abbasids in Baghdad, who revived Sasanian forms of court ceremonial for similar purposes).

At the same time, despite the struggle over icons, the medieval Empire of Byzantium inherited from late antiquity a striking degree of ideological unity, focused not on any one imperial dynasty, but rather on the office of emperor and the concept of empire. As a result, the ideology of empire framed and determined the ambitions even of the most self-seeking aristocrats and generals, who typically aspired to obtain imperial power rather than to escape from it by carving out their own autonomous fiefdoms.

Again, this focus was culturally cemented through elaborate rituals at court whereby the emperor personally issued donatives and gifts to provincial potentates and *strategoi*, who were summoned to the capital, and with whom he dined at sumptuous feasts. Byzantine culture was also highly integrative politically. Through adoption of imperial Christianity and the acquisition of the Greek language, in particular, Roman identity could be relatively rapidly acquired. The 11th-century Byzantine general and man of letters Cecaumenos, for example, was a proud and patriotic Roman who bore an impeccably Greek name ('the burnt one') despite the fact that he was probably of Armeno-Georgian descent.

New crises and new solutions

Relations between the imperial government and the aristocracy were not, however, entirely straightforward. Rather as in late antiquity, the economic expansion of the 10th century fuelled the expansion of large estates. By virtue of this, members of the palatine aristocracy and the eastern magnate families increasingly acquired lands on which military service was owed, thereby threatening to undermine the thematic armies. This elicited a rash of legislation under emperors from Romanus Lecapenus (who ruled jointly with the young Constantine VII Porphyrogenitus from 920–44) to Basil II, who crushed a revolt by members of the eastern aristocracy, as a result of which, as we have seen, the leader of the attempted coup Bardas Skleros fled to Baghdad. Basil only achieved his victory, however, with outside help, his army bolstered by members of the 'Varangian guard' recruited from the Scandinavian Rus' of Kiev.

Although, as noted earlier, the Byzantine Empire was not a dynastic empire, for much of the period from the late 9th century through to the mid-11th the imperial title was held by members of the same bloodline, the so-called 'Macedonian' dynasty, so-named after Basil I 'The Macedonian' (867–86). In the 11th century, the courtier and scholar Michael Psellus wrote of it 'I believe no family has been favoured by God as theirs has been'.

Basil I himself was a pretty rum character, whose early career can perhaps best be characterized as that of a bit of rough turned high-class gigolo. As a young man of lowly background, he had attracted the patronage of a fantastically wealthy widow by the name of Danielis, whose favourite he became. Through Danielis, he was introduced to circles at court, and soon became close intimates with the dissolute young Emperor Michael III ('the Drunkard') who was, if anything, even more devoted to Basil than Danielis had been, and whom he appointed co-emperor. Basil repaid Michael for his kindness by having him assassinated and usurping his throne. It was a meteoric and eye-opening ascendancy that serves to remind one of the court-centred nature of the Byzantine polity.

Not all of Basil I's heirs took after the founder of their dynasty, and, for the early and mid-10th century, we should note in particular the reign of Constantine VII Porphyrogenitus, who followed in the footsteps of his father Leo VI (886–912) in encouraging a revival of learning and letters, sponsoring an encyclopaedic movement that aimed to codify and order human knowledge relating to fields ranging from foreign policy and court ceremonial to horse medicine, and engaging in the construction of prestigious architectural monuments.

This movement, once known to scholars as the 'Macedonian Renaissance', was clearly on some level a political statement: it was a response to and refutation of both the Carolingian Renaissance of the west of the 8th and 9th centuries, and the contemporaneous patronage of learning and the arts evident at the court of the Abbasid Caliphs of Baghdad. Just as the Byzantine emperor surpassed all other temporal rulers on earth in terms of authority, so too should his court excel theirs in terms of culture. The movement also attempted to reconnect culturally and ideologically with the age of Justinian, so as to extirpate the memory of the iconoclasts.

The last ruler of the Macedonian dynasty died in 1066, and there followed a period of political uncertainty which witnessed a marked reversal in Byzantine fortunes. It was to be another twenty-five years or so before Byzantium regained something approximating to the relative dynastic stability it had enjoyed under the Macedonians. In 1081 the imperial title was usurped by Alexius I Comnenus, members of whose kin were to hold the imperial office until 1185, when the throne was in turn seized by Isaac II Angelos (1185–95), his brother Alexius III (1195–1203), and his son Alexius IV, who was murdered by Alexius V who was in turn deposed by the Fourth Crusade in 1204.

These rulers—the Comnenoi and Angeloi—ruled over an empire living in much more straitened circumstances than had prevailed at the death of Basil II in 1025, when Byzantium had reached its medieval apogee in terms of territory and political clout (see Map 5). The reasons for this lay primarily in events beyond the empire's control. If external developments had facilitated the expansion of the empire in the 9th and 10th centuries, a further reconfiguration of the world beyond Byzantium ultimately did much to undo those gains.

The most immediate threat faced by the empire in the 11th century was that posed by the Pechenegs, a highly rapacious and

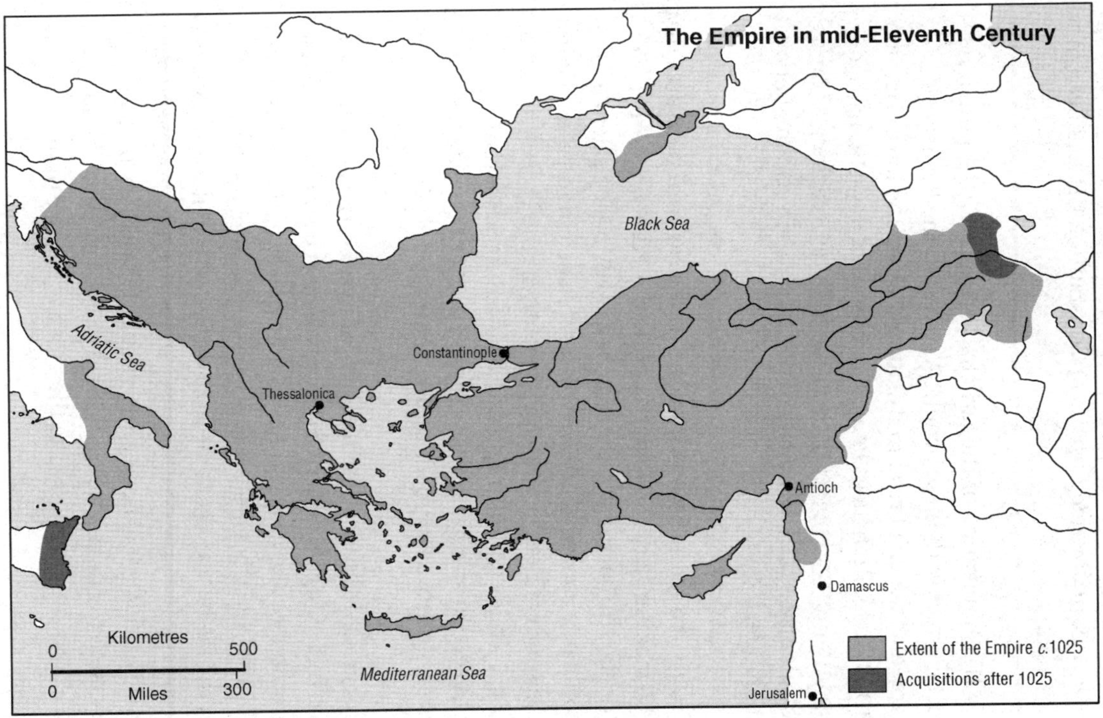

Map 5. The empire in the mid-11th century.

militarized nomadic tribal confederation cut from the same cloth as the Huns and Avars, who had come to dominate the Western Steppe in the late 9th century, and with whom, as we have seen, the *De Administrando Imperio* of Constantine VII had been much concerned.

Basil II's subjugation of Bulgaria had brought the empire into direct contact with these people. As a result, the Pechenegs emerged as the chief rival to Byzantium along the lower Danube. In 1033–6 the Pechenegs launched a series of devastating raids deep into imperial possessions in the Balkans, reaching as far as Thessalonica—the second city of the empire—in search of booty and plunder.

The imperial authorities responded with a series of measures that, in the medium term, served to contain the Pecheneg threat. In particular, through a drastic 'scorched earth' policy a deliberately depopulated *cordon sanitaire* was established in imperial territory to the south of the Danube to disincentivize the Pechenegs from raiding, while carefully regulated frontier markets were established at specific border garrison posts to provide the Pechenegs with such goods as they most desired.

A still greater threat to the integrity of Byzantium, however, was to emerge along its eastern frontier, where the empire found itself confronted by the new and formidable power of the Seljuk Turks. The Turks, likewise, were essentially steppe nomads, and shared with the Pechenegs the same high degree of mobility on horseback and ferocity in battle. With respect to the Seljuks, however, such warlike instincts had been given greater focus by their recent conversion to Islam. The traditional martial ethos of the steppe nomad was thus harnessed to the greater purpose of the *jihad*.

Under their leader Togrul and his successors Alp Arslan and Malik Shah, the Seljuks had come to dominate the Abbasid court, acting as the power behind the caliphal throne, and directing their nomadic Turkmen kin against the Christian populations of Georgia, Armenia, and Byzantium. Byzantine–Arab warfare, as we have seen, had hitherto operated on the basis of organized campaigns fought by similarly structured armies during a clearly identifiable campaigning season. The Seljuk-directed Turkmen, however, operated in smaller, highly mobile groups capable of circumventing imperial defences and outmanoeuvring Byzantine troops units. Lacking a central base or a clearly articulated command structure for the Byzantines to attack, containing the Turkmen threat on the eastern frontier was rather like attempting to hold liquid mercury: it was as futile an exercise as it was a dangerous one.

In 1071 the Emperor Romanus IV Diogenes launched an eastern offensive that brought him into direct conflict with the Seljuk Sultan Alp Arslan. At the Battle of Manzikert, the emperor was defeated and captured, leading to a civil war in Byzantium that permitted the Turks and Turkmen to advance deep into Anatolia and Asia Minor, where the now largely vestigial thematic armies were no longer fit for purpose. Within just twenty years, the Turks had established themselves on the western coast of Asia Minor and were beginning to settle. The most economically developed region of the empire, where the sophisticated infrastructure of antiquity had been most fully preserved, was now rendered a warzone.

The more the Turks settled, however, the more feasible it became for the empire to strike back against them, and as early as the 1080s the Byzantine army began to inflict localized defeats on the Turks. A major problem faced by the Byzantine authorities, however, was that the imperial army appeared to lack the expertise in siege technology required to liquidate enemy strongholds such as Nicaea in the west or Antioch in the east. Without control of such cities, it would be impossible for the Byzantines to turn such victories into wars of territorial reconquest.

Some sort of solution to this situation emerged in the reign of Alexius I Comnenus, who, as noted earlier, seized the throne in 1081. The Seljuk and Turkmen advances into Anatolia and Asia Minor had led to an influx into the imperial capital of members of the Byzantine military aristocracy who had lost their estates to the enemy and were thus embittered against the imperial authorities. The emperor attempted to elicit their support by according members of the aristocracy extensive rights over communities of hitherto free taxpayers, from whom they were allowed to demand tribute and labour services in what effectively amounted to a 'feudal revolution' within Byzantium, completing the process of intensification of aristocratic control that had elicited such imperial concern in its earlier phases in the 10th century.

Alexius, however, was eager to his limit his political and military dependence on the aristocracy. As a result we see him increasingly turning to members of his own family to fill governmental posts, and, crucially, coming to rely on foreign, largely western mercenaries and knights to supplement the imperial guard.

By the early 11th century, as we have seen, Byzantium had re-established its position as the dominant power in Christendom. The consequent prestige and wealth of the Byzantine emperor had led many members of western, and especially French knightly families eager for adventure, to enter into imperial service through joining the imperial guard. Alexius was keen to foster this development, even engaging Norman knights in his service in spite of the role played by the Normans in the mid-11th century in undermining the Byzantine position in Sicily, Southern Italy, and the Adriatic. For, importantly, such knights possessed precisely the expertise in siege warfare that the empire most needed.

Accordingly, in 1095, Alexius approached Pope Urban II to issue an appeal to the Latin West for military aid, as a result of which the Pope issued a call to arms, declaring a Crusade against the

Muslim infidels to liberate the Christians of the East and restore Christian control over the Holy Land. In the following two years around 60,000 westerners would make their way to Constantinople to bolster the empire's cause.

The first bands of crusaders to arrive appear to have been made up primarily of peasants and other relatively poorly equipped troops whom the emperor quickly shipped over to Asia Minor, where they soon met a grisly end. As the more disciplined and experienced contingents of knightly crusaders arrived, however, the imperial authorities were careful to direct them to the cities in Asia Minor and Syria that they most needed to prise from enemy hands.

In 1097 the Seljuk base of Nicaea fell, and the crusading army proceeded to march on to Antioch. The initial attempt on this city, however, faltered. As a result, on the advice of the Crusade's own leaders, Alexius ordered the imperial army to withdraw. The subsequent fall of the city to the Norman adventurer Bohemond served to sour relations between the crusaders and the imperial government when Bohemond refused to cede the territory.

The breaking point in relations between Alexius and the crusading leadership, however, came when the latter determined to press onwards to Jerusalem, and expected Alexius to march with them. This the emperor was never going to do. Whereas Jerusalem had emerged as a major focus of devotion and pilgrimage in the western Church, in Byzantium, as we have seen, the city of Constantinople had come to be reimagined as a sort of New Jerusalem, thereby decentring the prototype.

Consequently, the imperial authorities were unable to share the westerners' enthusiasm to march on the holy city. Moreover, as noted earlier, even at the height of imperial expansion in the early 11th century the imperial government had been careful not to strike at Jerusalem (which was also holy to Muslims) or Baghdad, for fear of sparking off a concerted *jihad*. The crusading leadership, by contrast, were oblivious to this danger and interpreted Alexius' reticence as betrayal. When, therefore, in 1098 Jerusalem fell, it (like Antioch) became the seat of an independent Latin kingdom under crusader control.

The differing character of eastern and western Christian piety as it had emerged over the course of the early Middle Ages thus led to misunderstanding and recrimination. To a certain degree, Alexius' solution to the Seljuk threat had backfired (although it was still better from an imperial perspective to have the crusaders in control of Antioch than the Muslims).

It is important to appreciate, however, that Alexius and his successors never entirely gave up on the idea that the piety, ambition, and martial spirit of the Latin West could be harnessed to serve the empire's purposes. Thus repeated efforts were made to manipulate the territorial ambitions of the German emperors to contain the Norman presence in Italy, while Byzantium increasingly drew upon the mercantile Italian city states such as Venice or Amalfi (nominally vassals and subjects of the emperor) to bolster its navy.

It was this that led Alexius and his Comnenian successors to concede to the Italians significant trading rights in the imperial capital, including tax-exemption and the establishment of colonies of merchants on the Golden Horn. This would lead to a dramatic increase in the number of westerners resident in the imperial capital, as well as growing Italian dominance of the mercantile and commercial sectors of the empire's economy.

The continuing, active involvement of Latin traders, knights, and adventurers in imperial affairs was to be of lasting significance. For it meant that, as a result, the German emperors, the crusaders, and the Italian merchants became drawn into the internal politics of the empire, leading to growing resentment against them on the part of elements within the Byzantine governing classes and the inhabitants of the imperial capital.

In particular, the crusaders and representatives of the Italian city states were increasingly caught up in the factional disputes that beset the Comnenian family at the end of the 12th century, and the usurpation and subsequent series of struggles for the throne resulting from the deposition of the Comnenoi by the Angeloi in 1185.

This drawing of the west into the factional politics of the Byzantine court was to culminate in 1204, when the Fourth Crusade (initially directed at Egypt) was rerouted to Constantinople, where the son of the deposed emperor Isaac II Angelos promised its leaders huge sums of money in return for helping him to gain the throne. When the duly elevated Emperor Alexius V was unable to pay them, however, the crusaders sacked the city amid an orgy of violence, and established their own regime under the leadership of Count Baldwin of Flanders. It would prove to be a devastating blow.

Chapter 6
Text, image, space, and spirit

Culture and conservatism

Byzantine imperial ideology, as we have seen, was predicated upon the concept of the absolute historical continuity of the Roman state and the rigid immutability of the emperor's claim to authority over all rightly Roman territory. The disparity between the fraught military fortunes of the empire across much of its medieval history, as compared to its late antique past, often lent imperially sponsored works of art and acts of cultural patronage a strongly conservative and atavistic quality.

The emperors of the iconoclast period (especially Constantine V), for example, sought to reconnect to the age of Constantine the Great, replacing religious images in churches with the symbol of the Cross which had appeared to Constantine prior to his victory at the Battle of the Milvian Bridge in 312. Likewise, as we have seen, the emperors of the Macedonian dynasty had attempted to reconnect with the era of Justinian in an effort to obliterate the memory of the recent iconoclast past. As a result, 'renewal' (*kainourgia*) and 'cleansing' (*anakatharsis*) were imperial bywords: 'innovation' was not.

This profoundly conservative ideological impulse informed a broader tendency towards conservatism in Byzantine literary culture, which was a legacy from antiquity. Educated Byzantines inherited from the Roman Empire of the era of the 'Second Sophistic' (a movement of literary efflorescence that took place in the Greek-speaking east when it was initially subjected to Roman rule) the belief that all high literature of a non-instructional and non-devotional sort should be written in Attic (i.e. the Greek of Classical Athens, as preserved and studied by the Second Sophistic scholars).

Thus, in the 6th century the contemporary historian Procopius had largely modelled his prose style and vocabulary on that of the Athenian historian Thucydides, whose *History of the Peloponnesian War* had been penned over a thousand years earlier. This adoption of the 'high style' not only obliged Procopius to handle grammatical forms that were no longer current in spoken Greek, but also to try to avoid neologisms. Words that did not form part of the inherited classical vocabulary could not be used in polite literature. Instead, the ancient terminology had to be stretched to embrace contemporary developments.

So, for example, when describing Hagia Sophia Procopius could not describe it as an *ekklesia* ('church'), as in Attic that term had signified an assembly. Instead, he adopted the word *naos,* really meaning 'temple', but which the *diktats* of the 'high style' deemed more acceptable.

Down to the end of the Byzantine Empire, and long thereafter, therefore, Greek authors who aspired to write *belles-lettres* were obliged to do so in an ossified linguistic register and on the basis of largely static literary models ultimately derived from Athens *circa* the 5th century BC. This had the advantage that those ancient Greek authors whom Byzantine schoolmasters and copyists regarded as models of good Attic style, or whom the Athenians had come to hold in high regard, would be preserved for posterity. Such classroom texts of the Byzantine Empire literally became the Greek 'classics' as they would be transmitted to the Humanists of the Renaissance and Early Modern West. Without this backward-glancing dimension to Byzantine literary culture, the works of Aristotle, Plato, Herodotus, Thucydides, Aeschylus, and Sophocles would all have been lost (or, in the case of Aristotle, would only have partially survived in translation).

The cultural price of this for Byzantium itself was that Byzantine literary high culture effectively constituted what has been described as a 'literature of display', whereby authors typically sought to strip their compositions of anything that gave them local colour, personality, or novelty. An author's artistry was demonstrated above all by his conformity to a literary language and models that were almost completely irrelevant and incomprehensible to those outside of the *belle-lettriste* culture (thereby often rendering anonymous works almost impossible to date).

This necessarily meant that the readership for even the finest of such compositions could be extremely limited. In the age of Justinian, the education required to understand Attic was demanded for entry into the imperial government, and was aspired to by members of the local elite across the cities of the empire as a whole. Indeed, Procopius tells us that his *History of the Wars* was read in every corner of the Roman world.

It is striking, however, that almost every work of history written in Greek in the 'high style' in late antiquity appears to have been written in Constantinople, implying that it was in the imperial capital that the bulk of sufficiently educated readers (and audiences for the declamation of such texts) was really to be found. The urban destruction wrought by first Persian and then Arab warfare in the 7th and 8th centuries, however, led to massive cultural dislocation. With the destruction of many of the cities of the empire, and the dramatic shrivelling of those that survived, much of the old educational infrastructure was swept away. The provincial *locus* for the replication of traditional elite culture was no more. As a result much of the provincial readership for texts written in the 'high style' disappeared.

Only in Constantinople is a traditional literary education likely to have remained available across the vicissitudes of the period, but even there the educational infrastructure was highly limited and subject to the shifting priorities of different regimes, meaning that the number of readers capable of truly appreciating the Atticizing literature of the 10th and 11th centuries probably amounted to just a few hundred in any one generation.

The urban revival of the Comnenian period may have witnessed the growth of a larger, more bourgeois audience. Nevertheless, it has still been suggested that, in the 13th century, the historian Nicetas Choniates (who wrote a moving account of the fall of Constantinople to the Fourth Crusade) may have known all of his readers *by name.*

Byzantine literary culture also inherited from that of the Second Sophistic a strong interest in rhetorical texts, such as had formed the basis of the higher stages of secondary education in the Roman Empire. With their elaborate rules and fixed conventions as to how individuals were to be praised, buildings described, and cities lauded, the predilection for such works served to further distance classicizing texts from Byzantine realities.

Byzantine literature, it has been noted, thus had something of the character of a 'distorting mirror' about it, presenting an Atticized view of a profoundly unclassical world. Unlike the fairground attraction from which that simile is derived, however, the primary aim was to display intellectual refinement.

'Honey from a whore's lips'

The strongly conservative inflection to Byzantine culture was further intensified by the influence of the Church. As pagan critics of Christianity took great pleasure in noting, the core texts of the Christian New Testament had not been written in the 'high style' appropriate to noble and lofty thoughts. Rather, they had been written in the common Greek (*koine*) that had become the *lingua franca* of the Near East during the Hellenistic period. As a result, there would always be an element within the Church that regarded 'Greek learning' as irrelevant: all the pious Christian needed was his Bible.

Thus, for example, in the 6th century, an historian from Antioch known as John Malalas wrote a history covering the period from the Creation to the present day that displayed almost no interest in the history of Greece and Rome, save insofar as it coincided with Biblical history or revealed God's plan for mankind. It was, moreover, written in a plain style, much closer to the spoken Greek of the day, and was structured on the basis of literary allusions that were entirely Biblical in nature. Likewise, Malalas' close contemporary, the eccentric Alexandrian merchant Cosmas, penned a 'Christian Topography', full of garbled details of the flora and fauna of distant regions, which was intended to reveal that the structure of the physical world conformed to the design of the Biblical tabernacle.

The message from both authors was clear: only 'Bible learning' was true learning. Malalas and Cosmas had their pagan equivalent in the Emperor Julian (361–3) who had decided, during his literary studies, that intellectual Hellenism and Christianity were ultimately incompatible. Given the choice between 'the Nazarene' (as he termed Christ) and Homer, Julian had chosen Homer.

Political and cultural conditions, however, necessitated that the likes of Malalas and Cosmas were progressively sidelined. In late antiquity, the awareness of a common high culture rooted in the study of Homer, Thucydides, Herodotus, and the rest of the Greek canon, and the linguistic unity associated with the common aspiration to Attic style, had served to unite the Greek-speaking elite of members of Rome's eastern provinces and had become central to their self-identity. If the Constantinian and post-Constantinian Church were to be fully integrated and institutionalized (as many of its leaders desired), it would have to reconcile itself to Greek high culture in general, and Greek literature in particular.

Thus, in the 4th century, St Basil of Caesarea wrote a treatise justifying the pursuit by Christians of a traditional literary and rhetorical education, which provided the young mind with the preparation required to accept the higher truths. While some critics regarded Greek learning as the proverbial 'honey that runs from the lips of the whore', the emphasis on style and rhetorical structure allowed Christians to eviscerate classical literature of its pagan contents and themes (which, in any case, could be understood in a Christian sense allegorically, with Hercules, for example, representing the Biblical David).

Instead, the analytical structures of Greek speculative philosophy were deployed by those in attendance at the Church Councils attempting to thrash out Trinitarian and Christological theology, while the great churchmen of the 4th and 5th centuries, such as John Chrysostom, delivered sermons that were perfectly crafted examples of ancient rhetoric. The Fathers of the Church thus reinforced the authority of the 'high style', while establishing the *koine* of the Greek Bible as a separate linguistic register better suited to communication with the mass of the faithful.

Likewise, in secular literature of a more instructional sort, a more demotic register was deemed appropriate. Thus, in the 10th century, the Emperor Constantine VII declared in the preface to his treatise *De Administrando Imperio*: 'I have not been studious to make a display of fine writing or of an Atticizing style, swollen with the sublime and lofty, but have rather been eager by means of everyday and conversational narrative to teach you those things of which you should not be ignorant.' The appreciation of such multiple registers is the key to understanding medieval Greek literature.

The Byzantine Church thus ultimately served to buttress the empire's highly conservative literary high culture. At the same time, however, it refashioned it. The homilies and writings of the Church Fathers, such as Chrysostom or Gregory of Nazianzus, became an important addition to the literary canon. Moreover, the institutional survival of the Church across the period of Byzantium's 7th-century crisis meant that ecclesiastical (and specifically monastic) scriptoria played perhaps the single most important role in the transmission of literary texts from the late antique world of the 6th century to the medieval world of the 8th.

This process of transmission was greatly facilitated by the development at the time of a 'minuscule' script, which meant that texts could be copied from papyrus (the main medium for writing in antiquity) to parchment (on which the empire had to rely once the Arabs began to cut off the papyrus supply from Egypt) at greater speed. This smaller, cursive script also meant that scribes could pack in more words per page, thereby reducing the costs of copying.

The centrality of Church scriptoria to textual transmission would have major consequences for the future development of Byzantine intellectual culture, as it meant that a great deal of secular literature of which the ecclesiastical authorities disapproved could be carefully set aside. Likewise, the fact that we know almost nothing of what late antique 'heretics' such as Arius or Nestorius actually wrote or preached save for what their opponents claimed, is probably less indicative of the effectiveness of late Roman autocracy than it is of the theological self-censorship of Byzantine scriptoria.

With the destruction of much of the civic landscape of the old empire, and the near obliteration of pre-Christian traditions of secular education, the Church had emerged as the dominant force within Byzantine literary culture, and much of the readership and audience for literary texts of all sorts that had re-emerged by the end of the 8th century was primarily monastic in character, with tastes and interests that were bound to marginalize the secular or the unconventional.

There were, inevitably, exceptions: historians are fortunate, for example, that the pagan Emperor Julian was regarded a sufficiently fine Attic stylist for his virulently anti-Christian writings to be carefully preserved by generations of Byzantine scribes.

Even including classical survivals, however, as a result of ecclesiastical domination of modes of textual transmission, the medieval Byzantine library would be an overwhelmingly ecclesiastical and Christian affair. It is a striking fact that almost 90 per cent of all extant Byzantine manuscripts identified as having originated from the period between the 9th and 11th centuries are religious in character.

This even impacted on the private collections (and, presumably, mental horizons) of literate men of the world, such as the 11th-century general Cecaumenos. Analysis suggests that his private library (much of which he may have inherited) comprised ten Biblical texts, thirty-three liturgical works, twelve monastic ones, three works of monastic spirituality, one example of *apocrypha*, four accounts of the lives of saints, two Christian miscellanies, three works on Church law, and ten volumes of 'secular' literature, including a grammar, a legal work, a couple of chronicles, a guide to dreams, and five ancient or late antique literary compositions.

Byzantium, as we have seen, played a vital role in the transmission and survival of the core texts of the ancient Greek literary canon. As a result of changing religious sensibilities and the cultural dislocation and physical destruction caused by warfare and civic strife, however, a great deal of literary, philosophical, and scientific writing would also fail to be transmitted.

In 476, for example, the great public library of Constantinople, built by Constantius II to house secular texts, burnt down with the reported loss of 120,000 volumes (probably meaning papyrus rolls). In the 9th century, the Patriarch of Constantinople and humanist Photius wrote up a series of notes and comments detailing his reading. These notes (known as the *Bibliotheca*) comprise 280 volumes detailing 386 works read, of which 233 were Christian and 147 secular or pagan. Just over half of these are now either totally lost or survive only in fragmentary form. The damage wrought to Constantinople by the Fourth Crusade (as well as the final Ottoman conquest of the city) is also likely to have led to the loss of many texts.

Images and the imagination

The conservative cultural influence of the Church, moreover, was not limited to literary culture. The debate over icons in the 8th and 9th centuries had led certain proponents of the pro-icon (or iconodule) party to fall back on an argument that was ultimately rooted in Greek philosophy of a late Platonic variety, namely that the images depicted on icons were an accurate depiction of the prototype (Christ, Mary, or the saint himself), and therefore that reverence shown to the image was reverence of the prototype rather than veneration of the image (and thus was not idolatrous).

In late antiquity, images of individual saints had come to develop key identifiable features which, beyond the written ascription, allowed the worshipper to identify precisely which holy or saintly figure was depicted in the image concerned: hence the Virgin Mary's instantly recognizable mode of attire. Especially in the post-iconoclast era, this necessarily limited the artist or artisan's room for manoeuvre. While, on the one hand, the logic of the argument that the icon represented a true image should have constituted an inducement to greater naturalism in religious art, in practice the emphasis on standard recognizable features allowed for a high degree of visual 'shorthand', such that any image of an old man with curly white hair and a hooked nose could fairly confidently be assumed to be of St Peter.

Moreover, the emphasis on the relation between image and 'real' prototype meant that the Church developed a keen hostility to the visual depiction (or even literary description) of things or beings that were not 'real', such as mythological beasts either inherited from antiquity or dreamed up by the artist or author concerned. The realm of the imagination was not one with which the Church felt comfortable, and an openness to the fantastical was interpreted as an invitation to the demonic.

This in turn appears to have led to an interesting shift in lay attitudes towards images of sphinxes, gryphons, and other hybrid characters derived from the world of classical mythology: whereas the (educated) late antique viewer may have been in a position to understand their literary origins and allusive qualities, medieval Byzantine observers of the inherited visual repertoire, it has been suggested, increasingly regarded such images as possessing a magical or talismanic quality, as a result of which one finds them depicted on amulets or painted on bowls, no longer as a sign of antiquarian taste, but rather so as to harness their magical power.

Necessity and innovation

It is vital to appreciate, however, that irrespective of a façade of continuity, the objective cultural context in which Byzantium operated across the centuries inevitably generated new cultural forms and acted as a spur to much greater creativity than has often been supposed. In spite of the grip of the 'high style' on the world of *belles-lettres*, this was even true with respect to Byzantine literature.

In late antiquity, for example, the rise of the Church and the development of Christianity led to the emergence of new forms of literature which would come to play an important role in the literary canon, over and beyond the homilies already mentioned. Foremost among these was that of hagiography, or accounts of the lives of Christian saints, initially written in a plain style (although in the Macedonian era a concerted move was made to elevate the linguistic register of such texts).

The first saint's life was that of the 3rd-century Egyptian hermit and father of monasticism St Anthony, written in Greek *c.* 360 by Athanasius, Patriarch of Alexandria. While drawing on existing traditions of secular biography, this text, with its vivid accounts of Anthony's struggle with the devil, played well to a late antique fascination with demonology, and was soon translated and emulated by a range of authors, such as Mark the Deacon in the 5th century, who penned a detailed account of the life of the 4th-century St Porphyrius of Gaza, or the monk George who, in the 7th century, composed a life of his contemporary St Theodore of Sykeon, which contains vivid scenes derived from the world of rural social relations.

Likewise, the rise of the Church sponsored novel approaches to the writing of history, epitomized by the Christian 'world chronicle' written by John Malalas which, as noted earlier, sought to chart the history of mankind from Creation to the present day, in anticipation of Divine Judgement and the Last Days. With its teleological view of history, and its sidelining of the Graeco-Roman past, Malalas' approach stood in radical opposition to that of his contemporary Procopius, whose *History of the Wars* fails to take an expressly Christian line on anything, and whose vision of the past was predicated on the glories of Greece and Rome.

These two authors reveal the existence of an early Byzantine 'culture war', which would only begin to be resolved by the gradual emergence of more expressly Christian forms of classicizing history at the end of the 6th century (such as that written by Agathias, who continued Procopius' task in charting the history of Justinian's campaigns). The liturgical development of the Church also helped to generate new literary forms. Thus, in 6th-century Constantinople, the cantor of the Great Church Romanos ('the Melode') wrote hymns in Greek in forms of verse derived from the Christian Semitic language of Syriac. This was literary innovation born of specifically late antique cultural encounters.

The world of secular literature was also undergoing interesting processes of change at this time. While those writing history in the 'high style' across the 6th and 7th centuries continued to aspire to write in Attic (and in the case of Procopius did so with considerable genius), one witnesses an increasingly daring and creative blend of literary forms.

Thus, although in his *History of the Wars*, Procopius relied heavily on Thucydides for his vocabulary, he also borrowed narrative structures from Arrian's account of the campaigns of Alexander, and embedded his analysis of Justinian's regime in a complex web of literary allusions. In his scurrilous *Secret History*, moreover, Procopius drew on the narrative structures derived from the world of the Greek novel and the vocabulary of comedy, while also inverting the codified rhetorical form of the panegyric or encomium (a speech or composition lauding an individual) to compose a startlingly original assault on Justinian, Theodora, and their entourage.

A similar recombination of literary genres is evident in the 7th century in the *History* composed by Theophylact Simocatta. Although a prose history in the high style, the narrative structure of this work was derived from the world of Greek tragedy, with the murdered Emperor Maurice the tragic hero. The *History* opens with a dialogue between the Muses of History and Philosophy, which a purist would have found even more disorientating. Theophylact's contemporary, the court historian

George of Pisidia, composed a history of Heraclius' Persian wars (which only survives in a fragmentary form) in which a prose account of the emperor's campaigns is interspersed with speeches delivered in verse. There is every sign here of an era of great literary creativity that first ground to a halt and was then swept away by the urban destruction and cultural dislocation of the 7th century.

In places and at times when the dead hand of Atticizing *belles-lettrist* culture was at its weakest, medieval Byzantine literature was also capable of developing in novel directions. As we have already seen with respect to the tradition of the *Digenis* poem, the military and social conditions on Byzantium's eastern frontier around the 10th century led to the spontaneous emergence of a tradition of heroic poetry which would be gradually refined in the 11th and 12th centuries, while the cultural encounter between Greek and Latin elites in the aftermath of the Fourth Crusade would lead to the composition in Greek of tales based on western vernacular chivalric romances.

In those parts of the Byzantine world (such as the Morea in Greece or the island of Cyprus) that would remain under Latin rule, the writing of historical chronicles would also develop in a quite distinct manner. Changing social contexts necessarily led to the emergence of new literary forms.

The relationship between innovation and necessity, however, is at its clearest with respect to Byzantine architectural and artistic development. As seen in Chapter 2 with regard to Constantinople, emperors after Justinian did not really have the economic resources available to build on the same sort of scale as the emperors of late antiquity. Imperial and aristocratic architectural commissions of the 8th, 9th, and 10th centuries thus had to be on a smaller scale and, interestingly, with respect to ecclesiastical architecture were built according to different architectural principles.

Such newly commissioned churches typically took the form of the 'cross in square' (a dome placed above four barrel vaults forming a Greek cross, placed within a square supported internally either by four columns or four sets of piers). In larger examples of this type, additional, subsidiary domes could be placed on each of the four arms of the cross around the central dome.

This design, it has been suggested, probably originated to serve the needs of small monastic communities (perhaps in Bithynia, near Constantinople, where there was an expansion of monasticism in the 8th century), but was soon adopted more generally as it was better suited to the needs of the shrunken congregations of the early medieval period than the cross-domed basilica of the Justinianic era, which could accommodate larger crowds. It was a pragmatic piece of downsizing which would, however, have implications for the future development of Orthodox forms of devotion.

For it should be noted that the dissemination of the new form of Byzantine ecclesiastical architecture also coincided with the struggle over images within the Byzantine Church, and, as a result, architectural and artistic developments would soon acquire an important synergy. The emperors of the iconoclast era, as we have seen, tended to decorate churches with crosses, or with scenes and patterns of flora and fauna that were meant to evoke the stylized mosaics of the grand basilica churches of the Constantinian era. Such styles were copied by members of the provincial aristocracy and are attested, for example, in the churches built by members of the military magnate elite in Cappadocia. Images of Christ, Mary, and the saints were eschewed (although they would later be added).

But in the truly grand imperial foundations of late antiquity such images had never played a central role: the internal spaces of such places of worship were so vast that it was far easier, quicker, and cheaper for the imperial authorities simply to cover the walls of these foundations with patterned mosaics (this was especially true of Hagia Sophia, which, as we have seen, was built in haste).

The iconoclast dispute, however, had made a great issue of images. As a result, in the aftermath of the victory of the iconodule party in 843, images were reintroduced to Byzantine churches on a far greater scale than had been the case before. Once again, beneath a rhetoric of restoration, genuine innovation was taking place. In 867, for example, the Patriarch Photius revealed an enormous (and exquisite) mosaic of the Virgin and Child in the eastern apse of Hagia Sophia (see Figure 6). In his homily on the occasion of the unveiling, Photius described the event as an act of restoration. In fact, no such image had ever stood there before. The role, significance, and visibility of the holy image had thus been dramatically enhanced.

In Hagia Sophia, the introduction of the mosaic image of the Virgin had a startling effect. But it remained, to some extent, tucked away amid the overall structure. In the smaller Byzantine churches that were the product of the early medieval period, however, the adoption of increasingly rich iconic schemes of decoration served to transform the psychological and emotive basis of Orthodox worship, as the shrunken interior of the churches, and the greater proximity between viewer and viewed, meant that saint and worshipper could now enter into a much more personal and direct relationship. Crucially, decoration in the form of figurative mosaic also became much more financially feasible as less surface space had to be covered. Accordingly, such decoration became the great glory of the Byzantine Church.

At the same time, the scheme of images within such places of worship became increasingly standardized (although never uniform). For the most part, the central dome was reserved for the image of Christ 'Pantokrator' ('the Ruler of All'), sometimes accompanied by saints and cherubim. In hierarchical descent, the semi-dome of the apse would tend to be accorded to the Virgin

6. Mosaic depiction of Virgin and Child from the apse of Hagia Sophia, unveiled by the Patriarch Photius in 867.

Mary, often in the company of the archangels Michael and Gabriel. Below Christ could be seen the Apostles and Prophets of the Old Testament; beneath Mary, the Communion of the Apostles and 'clerical' saints (such as John Chrysostom). The pendentives supporting the central dome were accorded to the four Evangelists, while the barrel vaults were given over to New Testament scenes. Finally, remaining wall surfaces in the nave were typically the preserve of groups of 'secular' saints such as the soldier saints George, Demetrius, and their fellows. This scheme can still essentially be used to read most Byzantine and Orthodox churches to this day.

The visual arts had never been abandoned as such in the iconoclast era. However, the growing emphasis on images and the arts more generally in the wake of iconoclasm posed certain problems. For the post-iconoclast emperors of the Macedonian dynasty attempted to reach back to the highly naturalist and expressive artistic traditions of the Justinianic period. Many of the skills needed to replicate and emulate that art, however, had been lost amid the warfare and urban dislocation of the 6th and 7th centuries. Accordingly, such skills had to be gradually relearned through the careful copying of late antique survivals.

This was a slow and painstaking process, and it was arguably only in the 11th and 12th centuries that the desired result was finally achieved, before developing in new directions in the 13th and 14th centuries (see Figure 7). Moreover, the great public context in which late antique art had existed had likewise largely disappeared with the destruction of the city in its ancient guise. As a result, images, and forms that had originated in the realm of late antique public art (such as scenes depicted on monumental friezes and columns) were transposed to more domestic and private contexts: above all manuscript illuminations, ivories, and enamels.

It is a striking fact, for example, that while the cities of late antiquity had been jam-packed with life-like and larger statues of

7. Mosaic depiction of Christ from the great Deisis in the south gallery of Hagia Sophia. Probably dating from soon after the Byzantine reoccupation of the city in 1261.

civic dignitaries, emperors, and others, in medieval Byzantium the tradition of making such statues appears to have effectively disappeared, although we are told that the Emperor Andronicus I (1183–5) did plan to erect a bronze statue of himself, indicating some sort of protean Comnenian revival in such sculpture.

As a result (as noted in Chapter 2) the numerous ancient statues that continued to adorn the city of Constantinople were regarded by many medieval Byzantine viewers with considerable fear and trepidation: the product of an alien age, they were often ascribed magical and prophetic powers, or treated as the abode of demons. Such views were shared even by the literate and the educated, as is revealed by a fascinating 8th-century guide to the monuments of Constantinople entitled the *Parastaseis Syntomoi Chronikai*, the author of which took a supernaturalist stance with respect to the statues in his midst. As the great scholar of Byzantine civilization, Cyril Mango, has noted, it tells one a great deal of how statues were commonly viewed in Byzantium that a standard Medieval Byzantine Greek word for them (*stoicheion*) ends up in Modern Greek meaning a ghost or 'a spirit attached to a specific place'.

Free thinkers

The survival and transmission of ancient literary and philosophical texts, and their continued study (even if, at some moments in time, only by a relatively small number of scholars) meant that Byzantine views of art, culture, and religion were never monolithic, and there were always sensitive minds capable of appreciating the ancient, elegant, or peculiar in their own terms.

In the early 13th century, for example, the contemporary historian Nicetas Choniates regarded with horror the destruction of many of the ancient statues of Constantinople by the marauding knights of the Fourth Crusade, whom he attacked as 'haters of the beautiful'. To Nicetas, these statues were not objects to be feared: rather, they were works of art whose loss was to be mourned. Thus he wrote that the statues of the sphinxes (decried by the Church) were 'like comely women in the front, and like horrible beasts in their hind parts, moving on foot in a newly invented manner, and nimbly borne aloft on their wings, rivalling the great winged birds'.

Also in the 13th century, Theodore II Lascaris (ruler of the Byzantine 'Empire' of Nicaea, which maintained an independent existence in western Asia Minor during the period of Latin rule in

Constantinople) wrote of the ancient monuments of Pergamum in terms that reveal a profound reverence for antiquity: the towers that surrounded the ancient theatre there were, he declared, 'not the work of a modern hand, nor the invention of a modern mind, for their very sight fills one with astonishment'. 'The works of the dead,' he pronounced, 'are more beautiful than those of the living'.

Throughout the history of Byzantium, such intellectual autonomy could cause problems for the Church. In the 6th and 7th centuries, for example, the practice of praying to deceased saints was challenged on the grounds that Aristotle had taught that the body and soul were mutually dependent, and that the one, therefore, could not exist without the other.

Likewise, in the 11th century, the half-Norman philosopher John Italus (a pupil of perhaps the greatest Byzantine intellectual, Michael Psellus) was banned from teaching and confined to a monastery for (among other things) having sought to apply philosophical dialectic to Christology, pagan doctrines (such as those pertaining to the eternity of the world) to cosmology, and for having advocated the reality of Platonic concepts such as the transmigration of souls. Many of John's sympathizers, one should note, were churchmen, and his condemnation bears all the hallmarks of a politically motivated show-trial, but the grounds on which he was attacked were, nevertheless, revealing.

At the very end of the Byzantine Middle Ages, the Neoplatonist scholar George Gemistos, who renamed himself Plethon (*c.* 1360–1452) advocated in his old age the worship of a revised form of the Greek pantheon, headed by Zeus (in spite of the fact that he himself participated in theological negotiations between the empire and the Papacy). Plethon's startling break with the religion of his birth perhaps reveals the extent to which the tensions between Christianity and Hellenism had never quite been fully resolved. Plethon had felt obliged to choose between the two, and, like the Emperor Julian before him, had ultimately chosen Hellenism.

Chapter 7
End of empire

Romans, Franks, Greeks, and Turks

The Latin sack of Constantinople in 1204 was a devastating blow to the Byzantine world from which it was never really to recover. Lurid accounts of the horrors associated with the city's fall, such as the rape of nuns, the destruction of icons, and the ransacking of churches circulated to both east and west. Much of what was not destroyed in terms of art, statuary, and holy relics was looted or sold and ended up adorning the cities of Italy (most notably the former Byzantine colony of Venice) as well as the monasteries and cathedrals of the rest of western Christendom.

Understandably, many western observers viewed the events of 1204 with considerable moral unease, and convoluted theological and providential justifications had to be concocted for the 'holy thefts' (*furta sacra*) in which the crusaders (including Latin clergy) had engaged. Equally understandably, many eastern commentators reacted by coming to view westerners with unmitigated hostility: the Latin or Frank was now increasingly cast in the role of the 'other' against whom the Byzantines defined themselves. This was especially true in terms of religious identity.

Ever since Rome had ceased to be a directly managed part of the Roman Empire, relations between Byzantium and the Bishops or

Popes of Rome had been periodically tense, and from the 8th and 9th centuries in particular the western church (headed by the Pope) and the Byzantine Church (headed by the Patriarch of Constantinople) had begun to diverge in terms of practices and customs.

The emergence of the Papacy as an autonomous political power by the 11th century had exacerbated such tensions, leading to a short-lived 'schism' between east and west in 1054. However, popes, emperors, and patriarchs had nevertheless continued to be able to work together when circumstances demanded (as the background to the First Crusade had demonstrated). After 1204, however, such cooperation would become nigh on impossible. Differences of practice increasingly hardened into disagreements over theology, focusing in particular on Latin additions to the creed. While pragmatic emperors, such as Michael VIII Palaiologus (1261–82) continued to attempt to restore ecclesiastical unity through coming to terms with the Papacy, aware that Byzantium remained both vulnerable to attack from the west and in need of Latin support against the Turks, the imperial church became less and less biddable. The very act of reaching out to the Pope was interpreted by some as an act of impiety. Orthodoxy (informed by hostility to Rome) and Byzantine identity were becoming one.

At the same time, the Latin occupation led elements within Byzantium's educated elite to reconsider the Greek aspect to their identity. The Byzantines, as we have seen, always regarded themselves (and were always regarded by their eastern neighbours) as Roman. From the 8th century onwards, however, this Roman identity had been challenged by westerners (such as the Carolingian and Ottonian emperors) who also wished to lay claim to the Roman past, and who responded by calling the Byzantines Greeks.

To the Byzantines themselves, the term Greek or 'Hellene' had traditionally served not so much as an ethnic, but rather a religious designation, meaning pagan. In the aftermath of 1204, however, one begins to find Byzantine intellectuals laying claim to the Greek identity that had been projected on to them from the outside, and appropriating it as a form of resistance to Latin intrusion and rule. A gradual process was thereby initiated whereby a Roman Orthodox identity would begin to give way to a Greek Orthodox one.

Politically, the fall of Constantinople to the crusaders had led to fragmentation, as the city's conquerors had appointed their own emperor, Baldwin of Flanders (1204–5), and their own Latin patriarch. The westerners also projected their rule over Thessalonica and its surrounding territories in northern Greece and Macedonia, and southern Greece and the Peloponnese, where Latin adventurers carved out fiefdoms of their own. Cyprus, Serbia, and Bulgaria had already fallen out of imperial control, however, and around Trebizond along the coast of the Black Sea, Nicaea in western Asia Minor, and Epirus in central and north-western Greece, autonomous Greek-speaking and Orthodox regimes emerged that laid claim to the mantle of the emperors of Constantinople the New Rome.

These Byzantine 'governments in exile' jostled for position against one another, and were never fully reintegrated into a unified Byzantine state even after Michael VIII Palaiologus had driven the Latins out of Constantinople from his base at Nicaea in 1261 and restored the semblance of empire (Latin rule having been rendered vulnerable from the start by a major defeat at the hands of the Bulgars in 1207). Thus the Empire of Trebizond (headed by a member of the Comnenian dynasty) carved out an increasingly lucrative place for itself as the main *entrepôt* at the westernmost end of the silk route, while the Empire of Epirus maintained its separate identity until it was conquered by the Serbs in the 14th century. In southern Greece and Cyprus, too, localized Latin regimes clung on, their leaders entering into increasingly symbiotic relations with local Greek-speaking elites (known as *archontes*), with whom they conspired in the exploitation of the peasantry.

Constantinople continued throughout this period to be a great centre of trade and international commerce. The proceeds of such trade, however primarily filled the pockets of foreign merchants and the Byzantine aristocracy (who increasingly entrusted their savings to bank accounts in Italy). By contrast, the political fragmentation of its territories meant that the Byzantine government was progressively impoverished, and even more dependent than before on playing off its rivals against one another to secure political survival.

In 1282, for example, in an episode known as 'the Sicilian Vespers', the Byzantine authorities sponsored an indigenous uprising and Aragonese invasion of Sicily which served to prevent Charles of Anjou, brother of the French King Louis IX (who laid claim to the Latin Empire of Constantinople) from launching a campaign of reconquest against the city. As the Frankish *Chronicle of Morea* put it, it was now 'with deceit and guile' that the Byzantines fought battles with the Franks.

It was a sign of imperial financial exhaustion that in 1343 (in the context of a civil war) the crown jewels were mortgaged to Venice (which remained a major force in the commercial life of the empire), while at some point between 1354 and 1366 the imperial government stopped minting gold coins, thereby ending a tradition that stretched back to the Emperor Constantine.

Cultural life, however, flourished. The renewed emphasis on the Greek component within Byzantine identity led to genuine intellectual engagement with the classical tradition in both literature and philosophy (as exemplified by the maverick but brilliant figure of Plethon), and for the first time a significant body of writing in Latin (from Cicero to Thomas Aquinas) was translated into Greek.

Above all, it was during the Palaiologan period that Byzantine religious art arguably reached its creative climax, combining a profound sense of the mystical, informed by contemporary trends in theology, with a novel emphasis on narrative scenes. The frescoes and mosaics that survive from the monastic church of the Chora (now the Kariye Museum in Istanbul), founded by the 14th-century statesman and scholar Theodore Metochites provide vivid testimony as to the quality of late Byzantine art, which equalled and paralleled that of contemporary Italy (see Figure 8).

It is a sign of the empire's ongoing cultural prestige that Byzantine art continued to be emulated and copied well beyond the political confines of empire, especially in the Balkans and, later, Russia, where it reached its most intense spiritualization at the hands of an artist known as Theophanes the Greek, active in Novgorod and Moscow.

As so often in the past, however, it was ultimately a reconfiguration of power on Byzantium's eastern frontier that served to determine the empire's fortunes. The ability of the Byzantine administration in Nicaea to first contain and then extirpate the Latin regime in Constantinople had been greatly aided by the relatively quiescent nature of the Seljuk Turks, with whom it had been able to negotiate relatively peaceful relations. After a manner that echoed the earlier decline of the Abbasid caliphate, however, the 13th century had witnessed a general waning of Seljuk power, as the active leadership of the *jihad* against the Christians of Rum (as the Turks knew them) passed to a series of locally based and religiously motivated marcher lords or *ghazis* ('defenders of the faith') of Turkish origin.

The autonomy of these *ghazis* had been greatly enhanced in 1243, when the Seljuks were defeated by the rapidly expanding nomad power of the Mongols, whose empire extended to embrace not only Persia but also China to the east. Now rendered tributaries of the Mongol *Ilkhan* of Persia, the Seljuk dynasty was a busted flush.

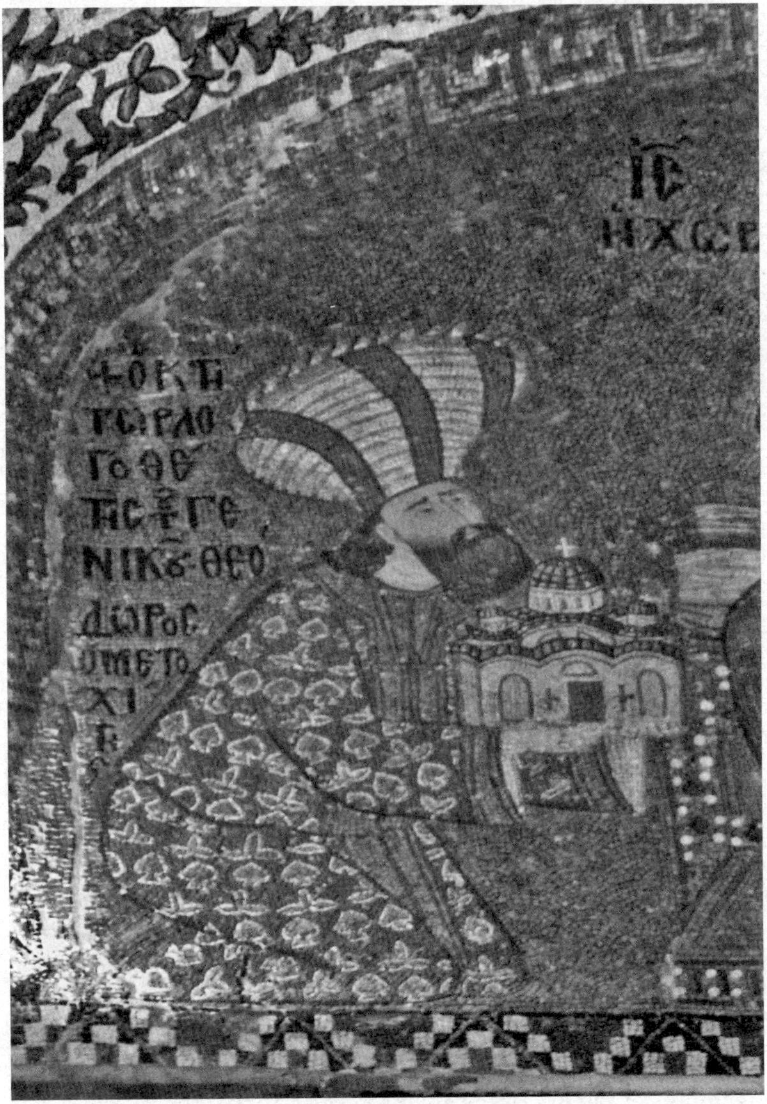

8. Mosaic depiction of Theodore Metochites offering his monastery to Christ (14th century). Kariye Museum, Istanbul.

'What dost thou now, ancient glory of Rome?'

The power vacuum caused by Seljuk decline was filled by the competing ambitions of the increasingly aggressive *ghazis* of the frontier zone, whose ability to win booty and slaves from their Christian neighbours led to a rapid accumulation of followers and prestige. In particular, from their base in north-west Anatolia, the dynasty of Osman (died *c.* 1324), Orhan (*c.* 1324–62), and Murad I (1362–89), expanded rapidly westwards against the restored Byzantine Empire and southwards and eastwards against their Turkish rivals.

Crucially, in 1354, these 'Ottoman' Turks (so-named after Osman) managed to expand their power into Europe, capturing Gallipoli before extending their control over Macedonia and Bulgaria. In a decisive encounter in 1389, the Serbian Prince Lazar was defeated at the battle of Kosovo, signalling a rapid collapse in the Christian position, and opening the way to large-scale settlement of the Balkans by Muslim Turks, who provided military service in return for landholdings. In 1396 the Turks also defeated a large crusader army that was sent against them at the battle of Nicopolis, and the Sultan Bayezid I (1389–1402) pressed on into Hungary, extending his power to the south of the Danube. Having been driven from Asia Minor, the Byzantine Empire found itself encircled.

The situation from the perspective of Constantinople was now critical. Ever since the Fourth Crusade, it had become apparent to members of the Byzantine governing classes that their empire was not in fact destined to be eternal, but rather, like all other empires, was subject not only to decay but to destruction. Indeed, in the early 14th century the statesman and scholar Theodore Metochites had admitted that very point.

Destruction now seemed imminent, however. It was a sign of how critical things were that the Emperor Manuel II Palaiologus (1391–1425) made a visit to the west to elicit aid. In Paris, he was feted by the professors of the Sorbonne and housed in the Louvre, while on Christmas Day 1400 he dined with King Henry IV of England in the palace at Eltham. Henry's courtier, Adam of Usk, noted of the event: 'I reflected how grievous it was that this great Christian prince should be driven by the Saracens from the furthest east to these furthest Western islands... O God, what dost thou now, ancient glory of Rome?'

While honourably received, Manuel received little by way of tangible support. Without ecclesiastical union with Rome, there would be no substantial military commitment from the west. Yet the legacy of the events of 1204 meant that no such union would ever be acceptable to most of the leaders of the Byzantine Church, who had learned that true religion was capable of survival whether or not an emperor sat on the throne in Constantinople. Thus, although at the Council of Florence in 1439 Manuel's successor as emperor, John VIII (1425–48), essentially conceded to western demands and accepted Papal supremacy, his capitulation was flatly rejected by the eastern bishops. His theological surrender was also denounced by the Orthodox rulers of Russia, who would eventually claim to be the true heirs of Constantine, and that their capital at Moscow was the 'Third Rome'.

Pressure on Byzantium had in fact eased slightly in the early 15th century. In 1402 the Ottomans were defeated by the Mongols at the Battle of Ankara. This reversal led to a protracted civil war between the sons of Bayezid, from which Mehmed I (1413–21) had eventually emerged triumphant, rapidly re-establishing control of the Ottoman Empire and reinitiating its expansion.

Attempting to take advantage of struggles within the Ottoman dynasty and court (but typically backing the losing side), the authorities in Constantinople again desperately attempted to negotiate survival, even acknowledging Ottoman overlordship. There was now, however, no force powerful enough to play off against the Turks. Accordingly, it was only a matter of time before a concerted effort would be made to take the city, whose hitherto impregnable land walls (the crusaders in 1204 having gained entry via Constantinople's maritime defences) were now looking increasingly vulnerable in the face of the advent of gunpowder and canon.

In the palace of the Caesars

For Byzantium, the end came with the rise to power of a young prince eager to establish his military credentials. In 1451, the Ottoman sultanate passed to the 19-year-old Mehmed II (1451–81), against whom the reigning Byzantine Emperor Constantine XI (1449–53) attempted to machinate. This provided Mehmed with a pretext for war, for which he prepared carefully by building enormous fortifications on the Bosphorus, imposing controls on maritime traffic, and gradually strangling the city. On 6 April 1453 a full-blown assault on the land walls was initiated, combined with attack from sea.

Assisted by Catalan and Italian mercenaries, Byzantine resistance was stiff, with civilians and nuns helping to ferry supplies to the troops on the walls. Turkish military pressure, however, was inexorable. Initially Mehmed and his generals threw irregulars (*bashi-bazouks*) at the walls of the city to wear down its defenders. Only as these booty-hungry adventurers (including Christian Greeks and Slavs in their number) were fought back were the regiments of Anatolian Turks and the elite Janissary corps sent in.

Eventually, a breach in the walls was established in the north-western sector near Blachernai, where the Virgin Mary had reputedly intervened against the Avars in 626. Now, however, there was to be no divine intervention. As the Ottoman troops swarmed through the walls and fanned out across the city, the Emperor Constantine XI and his entourage made a heroic last stand, throwing themselves into the *mêlée*. Contemporary sources record that the emperor's body was never found. Some claimed that he was plucked from the scene by an angel, who turned him to marble and hid him in a cave, whence he would return one day to liberate his people (Figure 9).

As Turkish flags were raised above the city, the leaders of certain outlying communities, such as those around the Church of St John of Stoudios to the south-west or the Latin traders of Galata (Pera) to the north-east, formally submitted to the Turks. These communities were allowed to escape with their property and places of worship substantially intact. As for the rest, in accordance with the rules of the *jihad*, they were given over to the rank-and-file army who were permitted to sack the city for three days, raping, slaughtering, or enslaving its inhabitants as they saw fit.

All public buildings, however, were the preserve of the Sultan Mehmed II—now accorded the title of *Fatih* or 'conqueror' (Figure 10). The great Cathedral Church of Hagia Sophia, where many of the city's inhabitants had fled for refuge, was stormed. Mehmed made his way there and declared that it should immediately be turned into a mosque. As his *muezzin* issued the Islamic declaration of faith from the pulpit, the sultan clambered on to the stripped altar to lead the prayers. After giving due thanks to Allah for his victory, Mehmed is reported to have paid a visit to the ruined halls of the old palace complex, where he whispered the words of a Persian poet: 'The spider weaves the curtains in the palace of the Caesars; the owl calls the watches in Afrasiab's towers'.

The vision of empire

The fall of Constantinople in 1453 would soon be followed by the Ottoman conquest of most of the remaining outposts of the

9. Miniature from a 16th-century Cretan copy of the *Oracles of Leo the Wise*, depicting the anticipated resurrection of Constantine XI.

10. Mehmed the Conqueror smelling a rose. From the 'Palace Albums', Hazine 2153, folio 10a.

broader Byzantine world. Trebizond, for example, was incorporated into the expanding Ottoman realm in 1461, signalling the end of the autonomous Comnenian state that had survived there since 1204. Importantly, significant numbers of Pontic Greeks were resettled in Constantinople, which Mehmed II was keen to restore to economic prosperity and which he eventually established as the capital of his now sprawling empire.

Ruling from the city of Constantine, it was perhaps inevitable that Mehmed and his successors would draw upon elements of the Byzantine political and cultural legacy. The sultan was eager to call upon the services of surviving members of the Byzantine aristocracy (although he had wiped out its leading members), and certain of his Greek-speaking courtiers, many of whom converted to Islam, accorded him the ancient imperial title of *basileus*. The Orthodox Patriarchate was restored, and the patriarch was charged with leadership over and responsibility for the sultan's Greek Orthodox subjects (thereby establishing the Church as the major vehicle for the survival of Greek identity in the centuries ahead).

Moreover, Mehmed and his heirs were determined to literally build on the achievements of the rulers of Byzantium: beneath the Topkapi palace from which they ruled, they buried the sarcophagi of Byzantine rulers, including Heraclius, whose tombs had originally been placed in the Church of the Holy Apostles, while that Church was demolished and replaced by a mosque honouring Mehmed Fatih.

Although henceforth a predominantly Muslim city, Ottoman Constantinople would nevertheless remain home to a significant Christian population. Around the offices of the Orthodox patriarch, for example, a new Greek-speaking elite of intermediaries and officials would take shape (known as 'Phanariots', after the Fanar district where the Patriarchate would come to be based). Many of these men claimed (largely spurious) Byzantine descent, and into the 18th century would continue to write Greek in the Attic style after the manner of the Second Sophistic.

Constantinople, of course, also continued to be an imperial city until the abolition of the Ottoman Empire in 1923, and Greek-speaking Christians, as well as Armenians and Jews, remained a vital element within it. Only in 1960 was the last sizeable community of Greeks driven out in a politically inspired *pogrom*.

Indeed, part of the great legacy of Byzantium would prove to be the vision of Constantinople as an imperial capital. Accordingly, as Ottoman power began to wane in the 18th and 19th centuries, neighbouring powers would eye it jealously, and competed to establish themselves there. This was particularly true of the Russian Tsars, who aspired to re-establishing Constantinople as a Christian city (in World War I, for example, a Russian imperial officer of Greek descent was even entrusted with a cross which was to be placed on top of Hagia Sophia upon the anticipated Russian capture of the city).

The dream of a restored Christian Empire ruled from Constantinople only really came to an end in 1922, when the armies of the relatively recently established Kingdom of Greece, ruled by a King Constantine, made a madly overambitious grab for territory in western Asia Minor (where large Greek-speaking communities existed), only to collapse before the forces of the Turkish commander Kemal Ataturk ('the Father of the Turks'). Ataturk drove the Greeks out, declared a republic, officially renamed Constantinople Istanbul, and moved the capital of his new state to Ankara.

Byzantium would also, of course, bequeath a cultural legacy, mediated in part by the Orthodox Church, its liturgy, art, and music, as well as through its scholars and intellectuals, many of whom had migrated to Italy to teach Greek studies long before the fall of their homeland in 1453. If the *philosophes* of the

Enlightenment would ultimately scorn the cultural and political achievement of Byzantium, they did so on the basis of an intellectual formation in the classics that owed much to the efforts of Byzantine humanists and their preservation and transmission of ancient Greek texts.

Now that the certainties of the Enlightenment seem less secure, we are perhaps in a stronger position to appreciate the richness and complexity of a civilization that lasted over a thousand years and which, as we see in the poetry of Yeats or apprehend in the music of the modern composer John Taverner, retained an ability to move and inspire long thereafter.

References

Chapter 1: What was Byzantium?

On the reception of Byzantium from the Renaissance to the Enlightenment, see G. Ostrogorsky *History of the Byzantine State* (Oxford, 1968) chapter 1.

For Themistius, see *Politics, Philosophy and Empire in the Fourth Century: Themistius' Select Orations* tr. P. Heather and D. Moncur (Liverpool, 2001).

Aurelius Victor *Liber de Caesaribus* tr. H. W. Bird (Liverpool, 1994).

C. Williams *The Arthurian Poems of Charles Williams* (Cambridge, 1982).

On Yeats, see R. Nelson 'The Byzantine Poems of W. B. Yeats' in his *Hagia Sophia 1850–1950: Holy Wisdom Modern Monument* (Chicago, 2004).

Epigraph taken from Charles Williams, *Taliessin through Logres*, with kind permission of David Higham Associates.

Chapter 2: Constantinople the ruling city

Ammianus Marcellinus *Res Gestae* tr. J. C. Role (Cambridge, MA, 1935).

A. Berger *Accounts of Medieval Constantinople: The Patria* (Cambridge, MA, 2013).

For the 'Book of the Prefect', see *Roman Law in the Later Roman Empire* tr. E. H. Freshfield (Cambridge, 1938), or J. Koder *Das Eparchenbuch Leons des Weisen* (Vienna, 1991).

Constantine Porphyrogenitus *The Book of Ceremonies* tr. A. Moffatt and M. Tall (Canberra, 2012).

P. Magdalino *Studies in the History and Topography of Byzantine Constantinople* (Aldershot, 2007).
For priapic bear, clowns, etc., see E. Maguire and H. Maguire *Other Icons: Art and Power in Byzantine Secular Culture* (Princeton, 2006).
Procopius *Secret History* tr. G. Williamson and P. Sarris (New York and London, 2007).
Procopius *History of the Wars, Secret History, Buildings* tr. H. B. Dewing and G. Downey (Cambridge, MA, 1914–40).
For statues, see S. Bassett *The Urban Image of Late Antique Constantinople* (Cambridge, 2004).

Chapter 3: From antiquity to the Middle Ages

Acts of the Council of Constantinople of 553 tr. R. Price (Liverpool, 2009).
For Islam as a 'nativist reaction', see P. Crone and M. Cook *Hagarism and the Making of the Islamic World* (Cambridge, 1977).

Chapter 4: Byzantium and Islam

Digenis Akritis: The Grottaferrata and Escorial Versions tr. E. Jeffreys (Cambridge, 2006).
For Manuel II, see *Manuel II Palaiologos: Dialoge mit einem Muslim* tr. K. Fürstel (Würzburg, 1995).
E. McGeer *Sowing the Dragon's Teeth: Byzantine Warfare in the Tenth Century* (Washington, DC, 1995).

Chapter 5: Strategies for survival

For the concept of 'Byzantine Commonwealth', see D. Obolensky *The Byzantine Commonwealth* (London, 1971).
For the concept of a Byzantine 'feudal revolution', see M. Whittow 'The Middle Byzantine Economy (600–1204)' in J. Shepard (ed.) *The Cambridge History of the Byzantine Empire* (Cambridge, 2008), and P. Sarris 'Large Estates and the Peasantry in Byzantium', *Revue Belge de Philologie et d'Histoire* 90 (2012).
The Complete Works of Liudprand of Cremona tr. P. Squatriti (Washington, DC, 2007).
Constantine Porphyrogenitus *De Adminstrando Imperio* tr. R. J. H. Jenkins (Washington, DC, 1967).

Anna Komnene *The Alexiad* tr. E. R. A Sewter and P. Frankopan (London and New York, 2009).
The Strategikon of the Emperor Maurice tr. G. T. Dennis (Philadelphia, 1984).

Chapter 6: Text, image, space, and spirit

Agathias *Histories* tr. J. D. Frendo (Berlin, 1975).
Athanasius *The Life of Antony and the Letter to Marcellinus* tr. R. C. Gregg (Mahwah, 1979).
A. Cameron and J. Herrin *Constantinople in the Early Eighth Century: The Parastaseis Syntomoi Chronikai* (Leiden, 1984).
The Chronicle of John Malalas tr. E. Jeffreys, M. Jeffreys, and R. Scott (Melbourne, 1986).
For the Church and visual culture, see E. Maguire and H. Maguire *Other Icons: Art and Power in Byzantine Secular Culture* (Princeton, 2006).
For Cosmas, see *La Topographie Chrétienne de Cosmas Indicopleuste* tr. W. Wolska-Conus (Paris, 1968–73).
For 'distorting mirror', see C. Mango 'Byzantine Literature as Distorting Mirror' in M. Mullett (ed.) *Byzantium and the Classical Tradition* (Birmingham, 1981).
For the library of Cecaumenos, see C. Mango *Byzantium: The Empire of New Rome* (London, 1983), chapters 6 and 13.
O City of Byzantium! Annals of Niketas Choniates tr. H. J. Magoulias (Michigan, 1984).
Photius *The Bibliotheca* tr. N. Wilson (London, 1994).
Procopius *The Secret History* tr. G. A. Williamson and P. Sarris (London, 2007)—includes discussion of his other works.
For responses to statues, see E. Maguire and H. Maguire *Other Icons: Art and Power in Byzantine Secular Culture* (Princeton, 2006), and C. Mango 'Antique Statuary and the Byzantine Beholder', *Dumbarton Oaks Papers* 17 (1963).
For Romanos and the development of Byzantine verse, see C. A. Trypanis *The Penguin Book of Greek Verse* (New York and London, 1971).
Theophylact Simocatta *History* tr. M. and M. Whitby (Oxford, 1985).
St Basil on the Value of Greek Literature ed. N. Wilson (London, 1975).
The Works of the Emperor Julian tr. W. C. Wright (Cambridge, MA, 1913).

Chapter 7: End of empire

For Byzantine influences on the music of John Tavener, listen, for example, to his *Two Hymns to the Mother of God* (1985).

On Manuell II in the West and Mehmed II in Constantinople, see S. Runciman *The Fall of Constantinople 1453* (Cambridge, 1965).

Further reading

General

M. Angold *Byzantium: The Bridge from Antiquity to the Middle Ages* (2001).
A. Cameron *Byzantine Matters* (Princeton, 2014).
A. Cameron *The Byzantines* (New York, 2009).
C. Mango *Byzantium: The Empire of New Rome* (London, 1983).
C. Mango *The Oxford History of Byzantium* (Oxford, 2002).
J. Shepard (ed.) *The Cambridge History of the Byzantine Empire c.500–1492* (Cambridge, 2008).

Chapter 1: What was Byzantium?

J. Bardill *Constantine: Divine Emperor of the Christian Golden Age* (Cambridge, 2012).
T. D. Barnes *Constantine: Dynasty, Religion and Power in the Later Roman Empire* (New York, 2010).
P. Brown *The World of Late Antiquity* (London, 1971).
P. Stephenson *Constantine: Unconquered Emperor, Christian Victor* (London, 2009).

Chapter 2: Constantinople the ruling city

S. Bassett *The Urban Image of Late Antique Constantinople* (Cambridge, 2004).
J. Harris *Constantinople: Capital of Byzantium* (London, 2007).

P. Magdalino *Studies in the History and Topography of Byzantine Constantinople* (Aldershot, 2007).
C. Mango *Byzantine Architecture* (London, 1986).
C. Mango *Le développement urbain de Constantinople* (Paris, 1985).

Chapter 3: From antiquity to the Middle Ages

A. Cameron *The Mediterranean World in Late Antiquity, c.395–700* (London, 2011).
G. Dagron *Emperor and Priest: The Imperial Office in Byzantium* (Cambridge, 2003).
J. Haldon *Byzantium in the Seventh Century: The Transformation of a Culture* (Cambridge, 1993).
J. Howard-Johnston *Witnesses to a World Crisis* (Oxford, 2010).
P. Sarris *Empires of Faith: The Fall of Rome to the Rise of Islam* (Oxford, 2011).

Chapter 4: Byzantium and Islam

L. Brubaker and J. Haldon *Byzantium in the Iconoclast Era, c.680–850, A History* (Cambridge, 2010).
R. Hoyland *Seeing Islam As Others Saw It* (Princeton, 1997).
C. Robinson (ed.) *The New Cambridge History of Islam, Volume One: The Formation of the Islamic World, Sixth to Eleventh Centuries* (Cambridge, 2011).
I. Shahid *Byzantium and the Arabs in the Fifth Century* (Washington, DC, 1989).

Chapter 5: Strategies for survival

M. Angold *The Byzantine Empire 1025–1204* (London, 1984).
P. Frankopan *The First Crusade: The Call From the East* (London, 2012).
C. Holmes *Basil II and the Governance of Empire* (Oxford, 2005).
P. Magdalino *The Empire of Manuel I Komnenos, 1143–1190* (Cambridge, 1991).
D. Obolensky *The Byzantine Commonwealth* (London, 1971).
J. Shepard and S. Franklin *Byzantine Diplomacy* (Aldershot, 1992).
P. Stephenson *Byzantium's Balkan Frontier: A Political Study of the Northern Balkans 900–1204* (Cambridge, 2006).
M. Whittow *The Making of Orthodox Byzantium* (London, 1996).

Chapter 6: Text, image, space, and spirit

J. Baun *Tales From Another Byzantium: Celestial Journey and Local Community in the Medieval Greek Apocrypha* (Cambridge, 2007).

R. Cormack *Byzantine Art* (Oxford, 2000).

A. Kaldellis *Hellenism in Byzantium* (Cambridge, 2007).

P. Lemerle *Byzantine Humanism* (Canberra, 1987).

R. Macrides (ed.) *History as Literature in Byzantium* (Aldershot, 2010).

E. Maguire and H. Maguire *Other Icons: Art and Power in Byzantine Secular Culture* (Princeton, 2006).

C. Mango *The Art of the Byzantine Empire 312–1453* (Toronto, 1986).

C. Mango *Byzantine Architecture* (Milan, 1986).

C. Mango *Byzantium: The Empire of New Rome* (Oxford, 1983).

Chapter 7: End of empire

A. T. Aftonomos *The Stream of Time Irresistible: Byzantine Civilisation in the Modern Popular Imagination* (Montreal, 2005).

D. Angelov *Imperial Ideology and Political Thought in Byzantium 1204–1430* (Cambridge, 2009).

M. Angold *A Byzantine Government in Exile: Government and Society Under the Laskarids of Nicaea 1204–61* (Oxford, 1975).

M. Angold *The Fall of Constantinople to the Ottomans* (London, 2012).

J. Harris *The End of Byzantium* (New Haven, 2010).

J. Harris, C. Holmes, and E. Russell (eds) *Byzantines, Latins and Turks in the Eastern Mediterranean World After 1150* (Oxford, 2012).

H. Inalcik *The Ottoman Empire: The Classical Age 1300–1600* (London, 1973).

P. Mansel *Constantinople: City of the World's Desire, 1453–1924* (London, 1995).

G. Page *Being Byzantine: Greek Identity before the Ottomans* (Cambridge, 2008).

S. Runciman *Byzantine Style and Civilization* (Cambridge, 1975).

S. Runciman *The Fall of Constantinople 1453* (Cambridge, 1965).

T. Shawcross *The Chronicle of Morea: Historiography in Crusader Greece* (Oxford, 2009).

K. Ware *The Orthodox Way* (Mowbray, 1979).

“牛津通识读本”已出书目

古典哲学的趣味
人生的意义
文学理论入门
大众经济学
历史之源
设计，无处不在
生活中的心理学
政治的历史与边界
哲学的思与惑
资本主义
美国总统制
海德格尔
我们时代的伦理学
卡夫卡是谁
考古学的过去与未来
天文学简史
社会学的意识
康德
尼采
亚里士多德的世界
西方艺术新论
全球化面面观
简明逻辑学
法哲学：价值与事实
政治哲学与幸福根基
选择理论
后殖民主义与世界格局
福柯
缤纷的语言学
达达和超现实主义
佛学概论
维特根斯坦与哲学
科学哲学
印度哲学祛魅
克尔凯郭尔
科学革命
广告
数学
叔本华
笛卡尔
基督教神学
犹太人与犹太教
现代日本
罗兰·巴特
马基雅维里
全球经济史
进化
性存在
量子理论
牛顿新传
国际移民
哈贝马斯
医学伦理
黑格尔
地球
记忆
法律
中国文学
托克维尔
休谟
分子
法国大革命
民族主义
科幻作品
罗素
美国政党与选举
美国最高法院
纪录片
大萧条与罗斯福新政
领导力
无神论
罗马共和国
美国国会
民主
英格兰文学
现代主义
网络
自闭症
德里达
浪漫主义
批判理论

德国文学
戏剧
腐败
医事法
癌症
植物
法语文学
微观经济学
湖泊
拜占庭
司法心理学
发展
农业
特洛伊战争
巴比伦尼亚
河流
战争与技术
品牌学

儿童心理学
时装
现代拉丁美洲文学
卢梭
隐私
电影音乐
抑郁症
传染病
希腊化时代
知识
环境伦理学
美国革命
元素周期表
人口学
社会心理学
动物
项目管理
美学

电影
俄罗斯文学
古典文学
大数据
洛克
幸福
免疫系统
银行学
景观设计学
神圣罗马帝国
大流行病
亚历山大大帝
气候
第二次世界大战
中世纪
工业革命
传记